Jugendkunstschule Fellbach (Hrsg.)
Fliegende Farben und Berge aus Papier

Jugendkunstschule Fellbach (Hrsg.)

Fliegende Farben und Berge aus Papier

Ideenwerkstatt zur ästhetischen Bildung
in Kindertageseinrichtungen

Mit Textbeiträgen von:

Eva Paulitsch, Susanne Waiss, Uta Weyrich
und Erzieherinnen aus Fellbacher Kindertageseinrichtungen

Bei Fragen und Anregungen wenden Sie sich bitte an unsere Berater:
Marketing, 14328 Berlin, Cornelsen Service Center,
Servicetelefon 030 / 89 785 89 29

Weitere Informationen finden Sie im Internet unter:
www.cornelsen.de/fruehe-kindheit

Bibliografische Information: Die Deutsche Bibliothek verzeichnet diese Publikation in
der Deutschen Nationalbibliografie; detaillierte bibliografische Daten sind im Internet über
http://dnb.ddb.de abrufbar.

1. Auflage 2011
© 2011 Cornelsen Verlag Scriptor GmbH & Co. KG, Berlin

Lektorat: Liliana Wopkes, München
Herstellung: Uwe Pahnke, Berlin
Layout: Claudia Adam Graphik Design, Darmstadt
Satz: Markus Schmitz, Büro für typographische Dienstleistungen, Altenberge
Umschlaggestaltung: Hans Brassat, Berlin
Titelfotografie: David Hughes – fotolia.com, Berlin
Fotos: Eva Paulitsch, Stuttgart; Susanne Waiss, Fellbach; Uta Weyrich, Stuttgart;
Kinderhaus Purzelbaum, Schmiden; Kath. Kindergarten Isolde, Fellbach;
C. F. Werner-Kindergarten, Fellbach; Kindergarten Postweg, Schmiden;
Kinderhaus Pfiffikus, Fellbach; Kath. Kindergarten St. Franziskus, Fellbach;
CVJM-Kindergarten, Fellbach; Johannes-Brenz-Kindergarten II, Fellbach
Druck und Bindung: orthdruk, Białystok

ISBN 978-3-589-24709-7

Inhalt

Inhalt

Grußwort der Landesstiftung Baden-Württemberg

Sehr geehrte Leserin, sehr geehrter Leser,

im Jahr 2006 initiierte die Stiftung Kinderland Baden-Württemberg das Programm „Musisch-ästhetische Modellprojekte in Kindergärten und anderen Tageseinrichtungen für Kinder". Diesem landesweit angelegten Programm lag die wissenschaftliche Erkenntnis zugrunde, dass die künstlerisch-musische Förderung im frühen Alter entscheidend für die Entwicklung eines Menschen ist. Kinder, die schon in jungen Jahren kreativ und künstlerisch gefördert werden, fallen im späteren Leben oft durch ihre ausgeprägte soziale Kompetenz und ihre kognitiven Fähigkeiten auf — Schlüsselkriterien für beruflichen Erfolg und privates Glück.

Insgesamt hat die Stiftung Kinderland im Rahmen des Programms 21 unterschiedliche musisch-ästhetische Modellprojekte in ganz Baden-Württemberg finanziert. Mehrere Hundert Kinder im Alter zwischen zwei und sechs Jahren profitierten von den Vorhaben, die in den Bereichen Musik, Tanz, Theater und Bildende Kunst sowie in einigen spartenübergreifenden Modellprojekten angesiedelt waren.

Professor Dr. Eckart Liebau von der Friedrich-Alexander-Universität Erlangen-Nürnberg hat das Gesamtprogramm wissenschaftlich begleitet. Bei der Präsentation seiner Evaluationsergebnisse im November 2009 attestierte Professor Liebau dem Programm nicht nur eine außerordentliche Vielfalt an unterschiedlichen Angeboten, sondern er lobte auch die hohen qualitativen Ansprüche der Projektträger.

Wir freuen uns, dass mit der Jugendkunstschule Fellbach einer unserer Projektträger seine Arbeit jetzt in gebundener Form der Allgemeinheit zur Verfügung stellt. Die vorliegende Handreichung für kreatives Arbeiten mit Kindern im Alter zwischen drei und sechs Jahren ist mehr als nur ein Ratgeber. Sie dient auch als wichtiger Multiplikator von Wissen und kunstpädagogischen Erfahrungen. Den Verfasserinnen gebührt hierfür großes Lob.

Wir hoffen, dass diese Publikation in die Hände möglichst vieler Erzieherinnen, Eltern und Kunstpädagogen gelangt und eine anregende Lektüre wird.

Christoph Dahl
Geschäftsführer

Birgit Pfitzenmaier
Abteilungsleiterin Soziale Verantwortung

Eine kurze Einführung

Ästhetische Bildung im Kindergartenalter

Mit der Ideenwerkstatt „Fliegende Farben und Berge aus Papier" möchten wir von der *Jugendkunstschule Fellbach* Erzieherinnen und Erzieher in Kindertageseinrichtungen zu neuen kreativen Prozessen inspirieren und sie an unserem reichen Erfahrungsschatz zur ästhetischen, künstlerischen und kunsthandwerklichen Bildung teilhaben lassen. Seit über zwanzig Jahren beschäftigen sich die Künstlerinnen und Künstler unserer Jugendkunstschule, neben zahlreichen anderen Themen auch sehr erfolgreich mit der ästhetischen Bildung im Kindergarten- und Vorschulalter. Durch unsere künstlerische und kunstpädagogische Arbeit möchten wir Kinder zu schöpferischem Tun anregen, sie bei gestalterischen Prozessen unterstützen und ihnen mit künstlerischem Blick vermitteln, wie sie zu Schöpfern Ihrer eigenen Persönlichkeit, ihrer eigenen Kultur sowie zu Gestaltern ihrer Umwelt werden können.

Das vorliegende Buch, mit Ideen und Vorschlägen für eine Vielzahl von experimentellen künstlerischen Aktionen, die für Kinder zwischen drei und sechs Jahren geeignet sind, ist während des Projektes „FELLBACHER MODELL — Ästhetische Bildung in Kinderhäusern und Kindergärten" entstanden. Die städtische Jugendkunstschule hat diese Bildungskooperation im Auftrag der Stiftung *Kinderland Baden-Württemberg,* im Rahmen des Förderprogramms „Musisch-ästhetische Modellprojekte in Kindergärten" (von September 2007 bis Juli 2009), mit vier verschiedenen Einrichtungen unterschiedlicher Träger in Fellbach verwirklicht.

Eva Paulitsch und Uta Weyrich, die beiden Künstlerinnen und erfahrenen Kunstpädagoginnen konzipierten das Projekt „FELLBACHER MODELL" und entwickelten dafür ein breites Spektrum an gestalterischen und künstlerischen Ideen, die sie in enger Zusammenarbeit mit zahlreichen Erzieherinnen umsetzten und erprobten.

Lustvolle und kreative Umsetzung der Bildungs- und Erziehungspläne

Bei der Arbeit an diesem Buch war es uns ein Anliegen, dass die vorgestellten Einheiten leicht und ohne große Vorbereitungen in den Kindergartenalltag zu integrieren sind. So können sie sowohl als Einzelthemen als auch in Kombination mit anderen Ideen aus diesem Buch durchgeführt werden. Diese Einheiten sollen den Kindern viel Raum und Gelegenheit für ganzheitliche Erfahrungen eröffnen. Auf lustbetonte und spielerische Weise lassen sich mit unseren mehrfach getesteten Vorschlägen sowohl der bildnerische als auch der sprachliche Ausdruck der Kinder fördern. Die einfachen und kostengünstigen Mittel sind ganz alltäglich. Jeder Kindergarten, jede Kindertageseinrichtung kann sie ohne großen Aufwand besorgen. Gerade Abfall- und Recyclingmaterial erfahren durch die kreativen Prozesse der Kinder eine Transformation und ungewohnte Blüte, bevor sie endgültig entsorgt werden. So lässt sich mit unseren Empfehlungen ohne Bedenken großzügig und mit viel Spaß arbeiten – dass dies gelingt, wünschen wir Ihnen.

Susanne Waiss
Leiterin der *Jugendkunstschule Fellbach*

Dank

An dieser Stelle sei allen beteiligten Institutionen, Trägern und Erzieherinnen ganz herzlich gedankt. Durch ihre Mitarbeit, ihr Engagement und ihre Begeisterung für unser Projekt sowie durch die vielen positiven Rückmeldungen ist dieses Buch erst möglich geworden.

Aktionen
mit Papierbahnen

Makulaturpapier ist ein wunderbares Material. Mit ihm kann man elementare Erfahrungen sammeln, Formen legen, den Raum verändern und dreidimensional gestalten. Vor allem aber: Es kostet nichts! Die Rollen können bei Zeitungsverlagen direkt abgeholt werden. In langen Bahnen abgerollt, entstehen tolle Landschaften, die die Kinder dazu inspirieren, auf Entdeckungstour zu gehen. Aber auch der Spaß am Zerreißen und die Lust, in der Papierflut zu toben, kommen bei diesen Aktionen nicht zu kurz. Als besondere akustische Sinneserfahrung lässt sich das Material außerdem gut einsetzen, denn Papier kann laut, raschelnd und knisternd sein, sodass man damit tolle rhythmische Geräusche erzeugen kann.

... und das brauchen Sie dazu

Raumvorbereitung und -beschaffenheit

Für diese Aktion eignen sich am besten eine Turnhalle oder ein Rhythmikraum. Wenn das nicht möglich ist, suchen Sie sich einen Ort, der größere Bewegungen zulässt. Wegen der Rutschgefahr sollte der Boden aber nicht zu glatt sein.

Material

- eine Rolle mit Makulaturpapier
- Kleberollen (Malerkrepp)

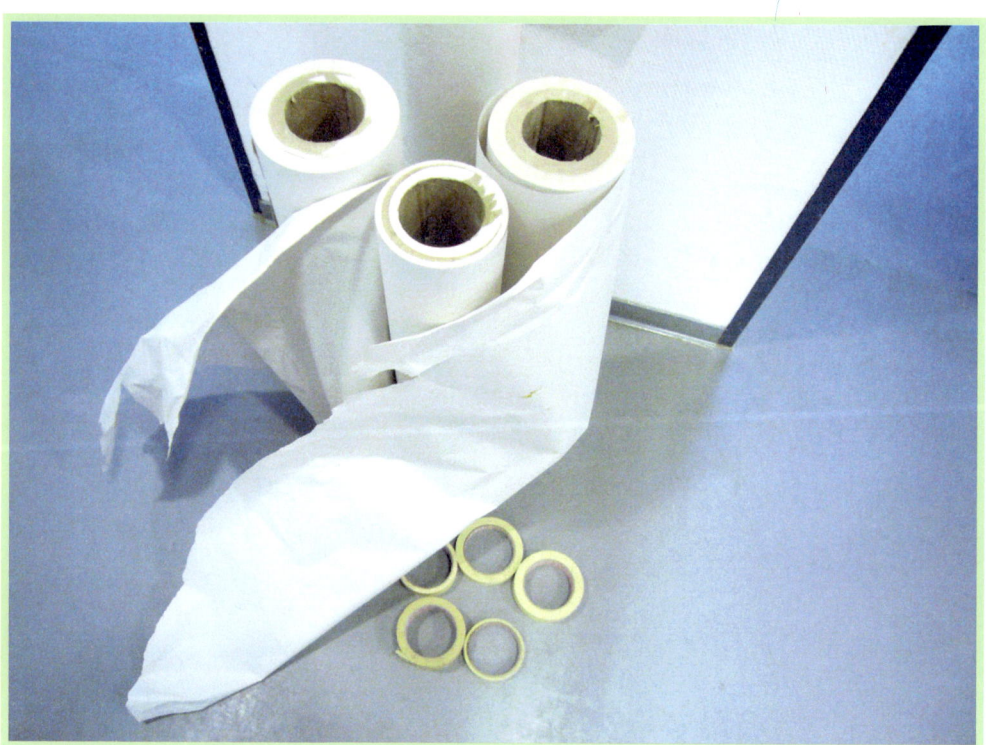

Die Eroberung einer unbekannten Insel

Impuls und Anregung

Häufen Sie in der Mitte oder in einer Ecke des Raumes einen großen Papierberg auf. Dieser Berg stellt eine Insel dar, die es gemeinsam mit den Kindern in unterschiedliche Rollen zu erobern gilt.

Durchführung

Als Einstieg in die Fantasiewelt eignet es sich hervorragend, die Kinder kleine Entdecker spielen zu lassen, die eine unbekannte Insel erforschen. Sie waten durchs imaginäre Wasser und schleichen sich vorsichtig an die Insel heran, denn sie wissen nicht, ob sie bewohnt ist. Nach den ersten Erkundungen gibt es ganz unterschiedliche Möglichkeiten, die Insel ins Spiel einzubeziehen und die Kinder zu vielfältigen Aktionen anzuregen:

- Die Kinder versuchen, die Insel zu vergrößern, indem sie die einzelnen Papierbahnen gemeinsam auseinanderziehen, bis die gesamte Wasserfläche (Bodenfläche) abgedeckt ist.
- Alle laufen ganz vorsichtig über diese „dünnen Erdschichten".
- Die Kinder werden mutiger und trampeln auf den Papierbahnen herum, sodass man sie knistern hört.
- Sie können auch gefährliche Situationen in Ihre Erzählung einbauen. Wenn Sie vorgeben, plötzlich unheimliche Geräusche zu hören, müssen sich die Kinder z. B. ganz schnell unter der Erde (den Papierbahnen) verstecken.
- Lassen Sie es eisig kalt werden, dann wickeln sich die Kinder zum Schutz in die Papierbahnen ein.

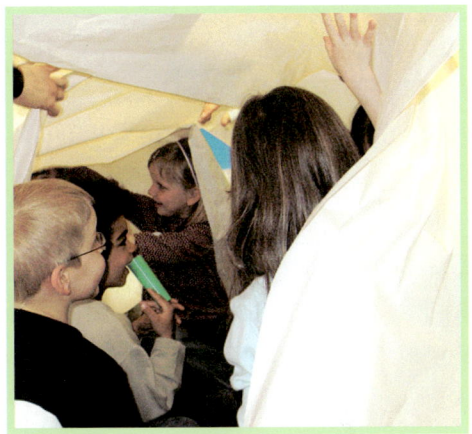

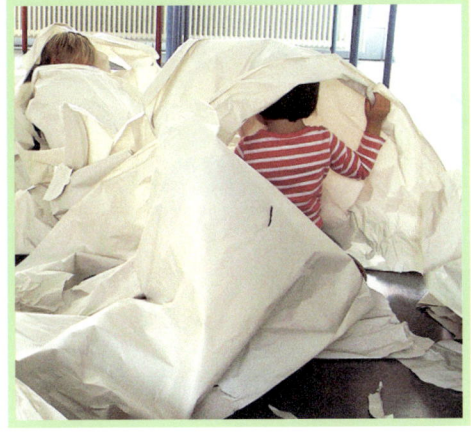

Eine wilde Schneeballschlacht

Impuls und Anregung

Haben die Kinder an einem Tag mal „überschüssige Energien", ermuntern Sie die Kinder zu einer wilden Schneeballschlacht.

Durchführung

Reißen Sie mit den Kindern Stücke von dem Makulaturpapier ab und formen Sie daraus Schneebälle. Und schon geht es los! Nicht nur, dass die Kinder Erfahrungen sammeln, wie man Papier knüllen kann, damit es als Kugel geformt bleibt – so fest die Kinder auch werfen, bei der Schneeballschlacht, einen Schneeball abzubekommen, tut einfach nicht weh! Es fordert vielmehr spielerisch zum Gegenangriff auf.

Werden die Papierfetzen noch kleiner gerissen, so können sie sich in Schneeflocken verwandeln, die als Schneesturm wild durch die Gegend geworfen und gepustet werden können.

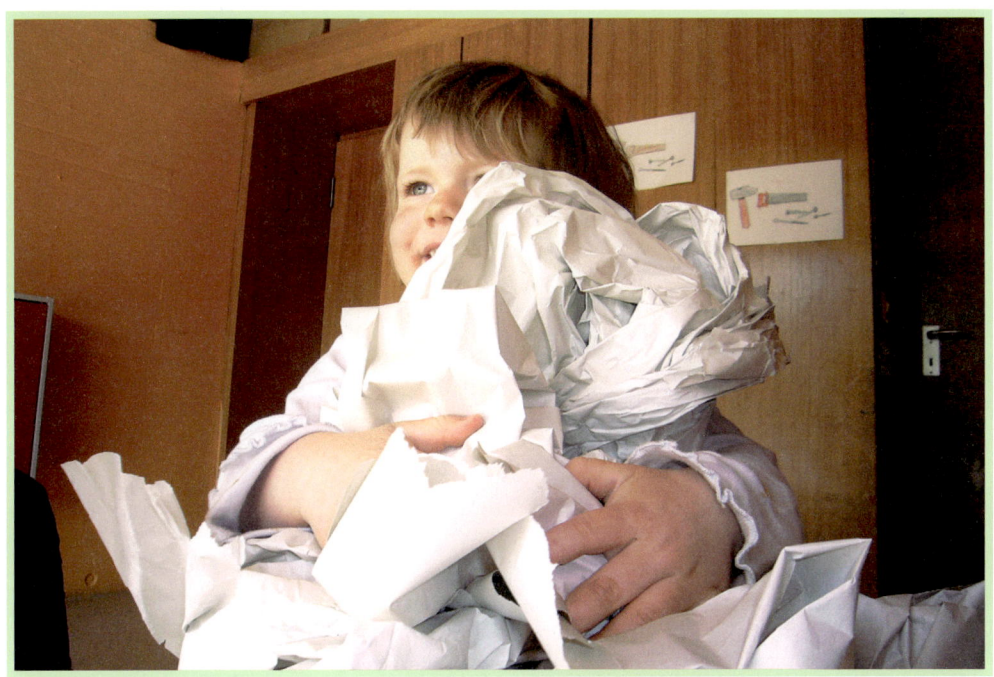

... und das haben wir daraus gemacht

Judith Löffelhardt und Dorothee Beck vom *Johannes-Brenz-Kindergarten II* des
Evangelischen Vereins Fellbach e. V., Fellbach

Im Eisland

Makulaturpapier hatte es uns gleich angetan — vielseitig und großflächig einsetzbar, dazu kostengünstig. Geradezu ideal für ein Projekt mit der ganzen Gruppe. Als Einstieg führten wir Materialimprovisationen in Kleingruppen zum Impuls „Wir reisen ins Eisland" durch.

Als die erste Kleingruppe von ihrem „Eislandabenteuer" zurückkam, war das Projektthema klar: „Wir machen unseren Kindergarten zum Eisland, damit der Eisprinz zu uns kommt". Der Rest der Kinder zog begeistert mit. So hüllten sie die Möbel in weißes Makulaturpapier, bauten weiße Wände und klebten aus Malerschutzfolie „Eisvorhänge" an die Türen. Aus Alufolie kreierten die Kinder filigrane „Gehänge". Wir Erzieherinnen „vereisten" die Decke mit halbtransparentem Gartenvlies. Nun suchten die Kinder zuhause nach weiteren weißen, silbernen und glitzernden Dingen, um daraus — in Verbindung mit Makulaturpapier — „königliche Dekorationen" zu gestalten. Unser Kindergarten verwandelte sich und wir mit ihm.

Zum Höhepunkt der Aktion, dem „Weißen Winterfest", kamen alle hell gekleidet. Es gab eine festliche Beleuchtung sowie Eisblöcke zum Experimentieren und Vanille-Eisblöcke zum Essen ... Und der Eisprinz? Der schickte eine Botschaft zum Hören (Kassette) und Sehen (Overhead-Projektion), dass er nur bei Nacht erscheinen könne, weil ihm bei Tag der Tod durch Schmelzen droht. Diese Nachricht machte die Kinder in einer Weise betroffen, mit der wir Erzieherinnen nicht gerechnet hatten. Tagelang spielten sie die Geschichte weiter, immer wieder hörten sie die Kassette an. Sie schrieben ihm Botschaften ans Fenster, die jedes Mal auf rätselhafte Weise verschwanden (wenn er sie des Nachts gelesen hatte).

Nach etwa vier Wochen „Eisland" reflektierten Kinder und Erzieherinnen das Projekt. Die Kinder verständigten sich darüber, wann die Dekoration abgebaut und welche Elemente der veränderten Raumgestaltung noch beibehalten werden sollten. Und sie äußerten sehr direkt und ehrlich, wo sie den Bruch zwischen Fantasie und Realität schmerzlich gespürt hatten und wo ihnen der Zauber neue Welten eröffnet hatte.

Aktionen
mit Papierstücken

Ob wir „Waschtag" spielen oder „Pizzabäcker" — ein großes Gefäß, gefüllt mit Papierstücken in den unterschiedlichsten Größen macht einen Riesenspaß und spornt die Fantasie von Kindern aller Altersstufen an. Auch hierfür eignet sich das Makulaturpapier wieder, da es nichts kostet und großzügig eingesetzt werden kann. Die Reste müssen nach der Aktion auch nicht entsorgt werden. In Säcken archiviert, kann man sie noch zu Pappmaschee verarbeiten.

… und das brauchen Sie dazu

Raumvorbereitung und -beschaffenheit

Schaffen Sie eine inspirierende Atmosphäre im Raum; sie soll die Fantasie der Kinder anregen und schon beim Betreten ihre Neugierde wecken.

Material

- ein möglichst großes Gefäß (Planschbecken oder Sandkasten)
- Makulaturpapier-Rolle, von der Sie unterschiedlich große Stücke abreißen und in das entsprechende Gefäß legen

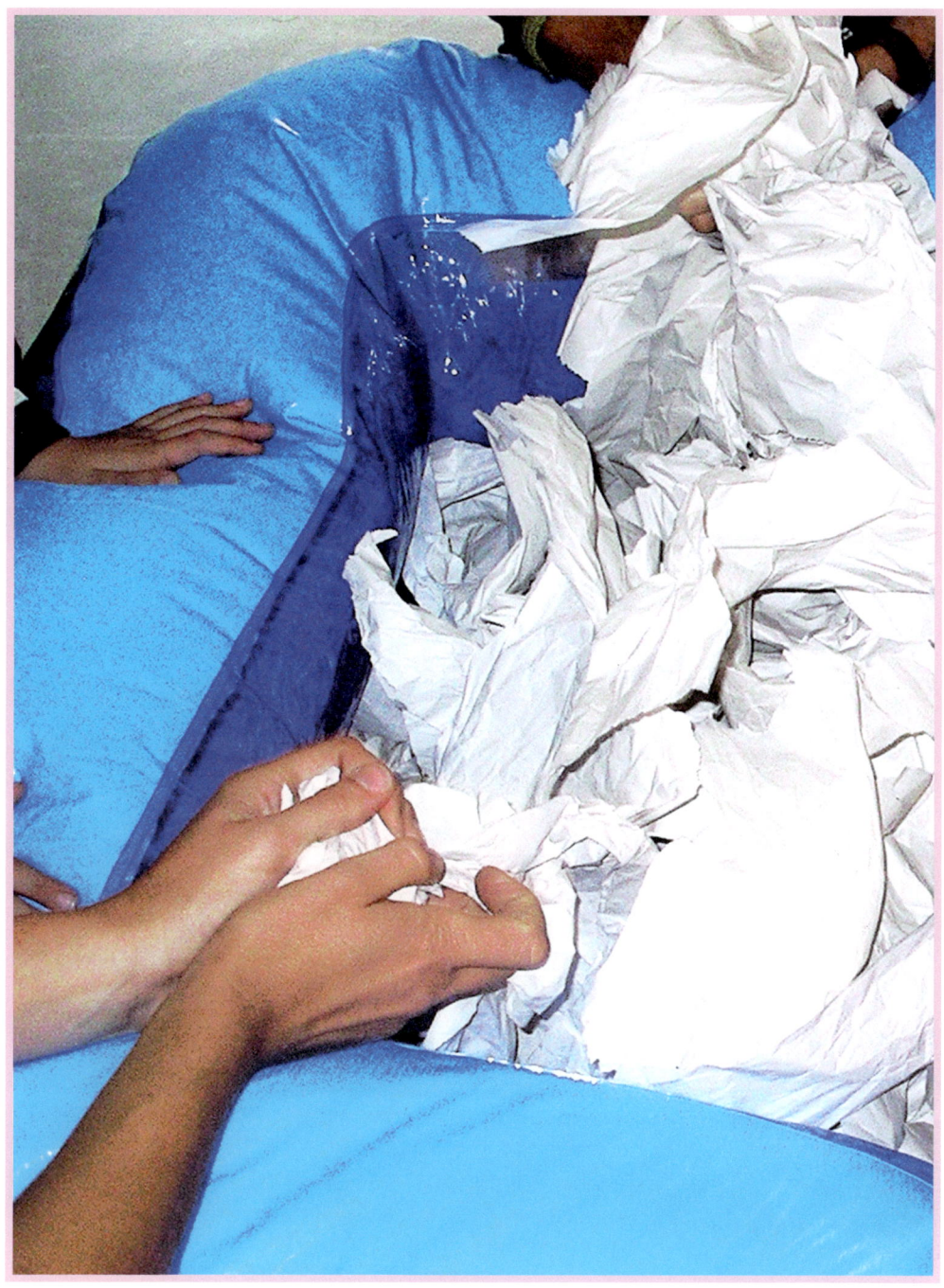

Planschen in Papier

Impuls und Anregung

Füllen Sie das Planschbecken mit vielen unterschiedlich großen Papierstücken. Das motiviert schon die Kleinsten dazu „in die Vollen" zu greifen und „das Wasser" spritzen zu lassen.

Durchführung

Besondere Freude macht es den Kindern, ins Becken zu steigen, sich in einem „Meer" aus Papier zu bewegen und darin unterzutauchen.

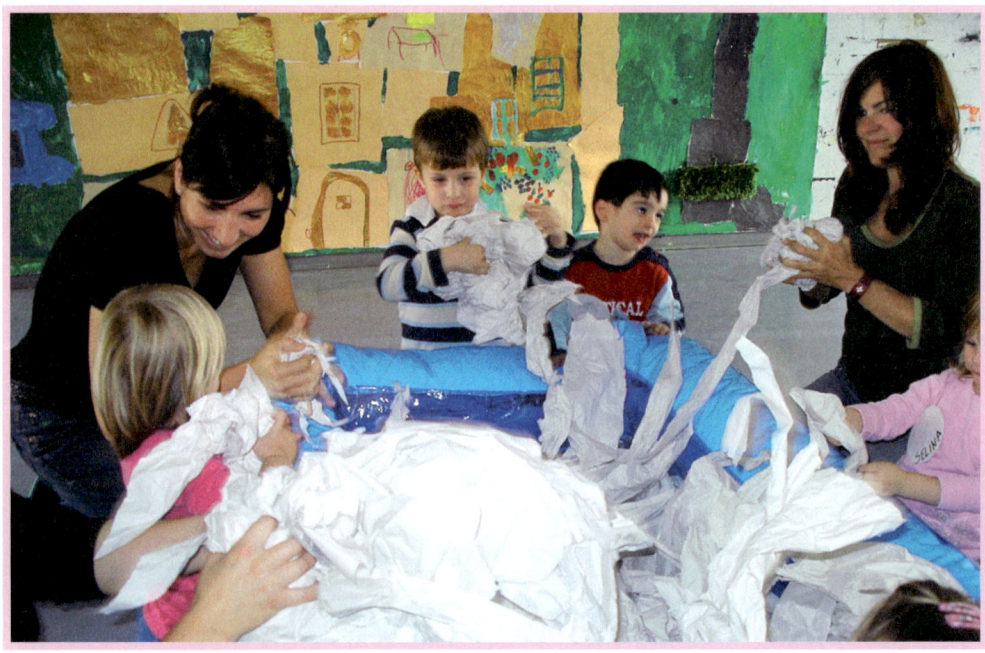

Der große Waschtag

Impuls und Anregung

„Wäsche waschen" macht Kindern großen Spaß. Zusätzlich können Sie hier auch vermitteln, wie früher gewaschen wurde und welche technischen Arbeitsmittel man entwickelte, um den häuslichen Alltag zu erleichtern (früher Handwäsche – heute Waschmaschine).

Durchführung

Alle Kinder setzen sich um das Planschbecken und Sie, die Erzieherin, erzählen den Kindern, dass heute Großwaschtag ist und der Wäschetrog voller verschmutzter Wäsche bereitsteht. Jetzt werden gemeinsam die Papiere zwischen den Händen gerieben, eingetaucht und wieder herausgeholt, auf dem Boden mit Holzklötzen als Bügeleisen geglättet und als saubere Wäsche zusammengelegt.

Modeatelier

Zusätzliche Materialien

- Nassklebeband
- Wäscheleine und Wäscheklammern
- Buntpapiere/Wasserfarben

Impuls und Anregung

Hängen Sie auf eine bereits gespannte Wäscheleine schon ein paar Wäschestücke auf, um die Kinder atmosphärisch in die Aktion einzuführen.

Durchführung

Auf einem Stapel liegen verschieden große Stücke Makulaturpapier. Schauen Sie sich gemeinsam mit den Kindern diese Stücke an und vergleichen Sie, welchem Wäschestück von der Leine es ähnlich sein könnte. Nun kleben die Kinder mit Nassklebestreifen die Makulaturstücke zu Hosen, Pullis etc. zusammen und komplettieren sie zu einer selbst entworfenen Kleiderkollektion. Die grob zusammengeklebten „Stoffstücke" können noch mit gemalten Knöpfen sowie mit Mustern veredelt werden.

Sie können sie auch dazu anregen, die Stücke wie richtige Kleider dreidimensional zu gestalten. So wird die Kollektion tragbar und kann von den Kindern übergezogen werden. Alternativ können Sie auch mit einer Figur oder mit einer Puppe arbeiten, die keine Kleider hat und für die nun eine neue Ausstattung aus Papier herzustellen ist.

Tipp

Diese Aktion eignet sich hervorragend, um das Schneiden an Linien entlang zu üben, denn das Kleid für die Puppe soll ja maßgeschneidert sein.

Aktionen mit Buntpapierresten

Werfen Sie farbige Papierreste und Schnipsel nicht weg! Es lohnt sich immer, diese in einer Kiste zur weiteren kreativen Verwendung zu sammeln. Papierreste sind ein tolles, die Fantasie anregendes Ausgangsmaterial. In den unterschiedlichen Formen entdecken die Kinder zahlreiche Dinge, Tiere und Gestalten und kommen dabei ins Fabulieren. Das Suchen von Formen und Farben ist für jede Altersgruppe aufregend und inspirierend; es können dabei herrliche Collagen entstehen.

... und das brauchen Sie dazu

Raumvorbereitung und -beschaffenheit

Im Grunde eignet sich jeder Gruppenraum für diese Aktion. Entweder Sie führen die Aktion an Tischen durch oder beziehen gleich den ganzen Raum mit ein.

Material

- weiße, großformatige und möglichst dicke Papiere als Grundfläche
- bunte Papierreste
- Gläser mit Kleister und Pinseln
- Scheren

Tomatenwolke trifft Tigerberg – lustiges Formenraten

Impuls und Anregung

Ein großer Haufen bunter Papierreste lädt die Kinder zum Suchen und Spielen ein. Gemeinsam suchen sie nach Gegenständlichem, nach Tieren und Gestalten. Manchmal findet sich ein Schnipsel, der aussieht wie eine rosa Wolke, ein anderer ähnelt einem Gebirge, einem Haus, einem Tiger; oder er ist so rot wie eine Tomate, hat aber die Form einer angebissenen Birne ... Die Papierreste können auch mit der Schere beschnitten oder in die gewünschte Form gerissen werden.

Mit den ausgewählten und von ihnen benannten Schnipseln beginnen die Kinder, gemeinsam eine Geschichte mit Pinseln und Kleister auf ein großes Blatt zu kleben. Jedes Kind steuert reihum Teile bei. Dadurch entwickelt sich die Geschichte immer weiter und wird abwechselnd von den Kindern erzählt.

Durchführung

Nach der Gemeinschaftsaktion kann nun jedes Kind eine individuelle Geschichte erfinden und auf seine persönliche Papierfläche kleben. Alternativ können Sie die Kinder zu Farbenfängern ernennen und alle roten, blauen oder gelben Papierreste zusammensuchen lassen.

… und das haben wir daraus gemacht

Katharina Litzel und Andrea Scherner vom *Kinderhaus Purzelbaum,* Schmiden

Geschichten aus Collagen als Sprachförderung

Uns beeindruckte sehr, dass Buntpapier-Reste, die vor dem Mülleimer gerettet werden, noch einmal so eine bedeutsame und wirkungsvolle Rolle spielen können. So wollten wir die Buntpapier-Reste als eine kreative Form zur Sprachförderung einsetzen. Deshalb führten wir die Aktion mit einer Kleingruppe durch, damit es jedem Kind möglich wird, sich verbal zu äußern. Zusammen saßen wir vor dem bunten Papierberg und schauten uns die verschiedenen Formen an. Ein Kind entdeckte eine „Schlange". Daraufhin wurde gemeinsam entschieden, dass sie die Hauptrolle der Geschichte spielen soll.

Sie wurde auf ein Blatt geklebt und bildete den Anfang der Bildergeschichte. Wir fragten die Kinder, was mit der Schlange passieren wird, worauf ein Kind einen „Igel" in dem Berg fand und meinte, dass die Schlange den Igel treffen soll. So klebten wir die Geschichte auf und spannen sie weiter. Ähnlich wie bei dem Spiel „Koffer packen" wiederholten die Kinder die Geschichte immer von Anfang an, wenn etwas Neues dazukam. Das machte großen Spaß, weil auch die Kinder, die nicht so kreativ im Geschichten erfinden waren, durch zuhören und wiederholen ebenso an dieser Aktion partizipieren konnten.

... und das haben wir daraus gemacht

Carrie Münchberg-Barth vom *Kinderhaus Pfiffikus,* Fellbach

Abfallholz – oder ist es vielleicht doch mehr?

Beim Sägen und Arbeiten mit Holz entstehen nicht nur schöne Dinge. Es sammeln sich viele Holzreste an. Zum Wegwerfen zu schade, doch wohin damit? Große Kiste her und sammeln. Die Kiste ist voll! Jetzt muss etwas passieren! Die Vorstellungskraft jedes Einzelnen ist gefragt. Für die Kinder ist es zunächst gar nicht so einfach, sich auf diesen „Müll" einzulassen. Im gemeinsamen Gespräch entstehen erste Ideen. Die Holzstücke werden in die Hand genommen, gedreht, gewendet und zusammengelegt. „Ist das ein Bein oder doch eher ein Arm?" „Könnte das eine Kanone sein?" Mit Feuereifer wird gewerkelt. Hammer, Nägel und Holzleim kommen zum Einsatz. So entstehen aus Abfallholz ein Flugauto, ein Boot mit Beiboot, eine Giraffe, ein Elefant ... und noch vieles mehr.

Aktionen mit ungewöhnlichen Papierformaten

Auf ungenormten Papierformaten zu malen und zu zeichnen, ist für Kinder ungeheuer spannend. Freie Formate inspirieren sie zu neuen Bildideen. Wählen Sie mal große Papiere oder aber ganz kleine Formate, Sie werden sehen, dass dies für jede Altersgruppe eine neue Anregung ist.

... und das brauchen Sie dazu

Raumvorbereitung und -beschaffenheit

Im Grunde eignet sich jeder Gruppenraum dafür. Suchen Sie sich einen freien Platz in der Raummitte, um die unterschiedlichen Formate auszulegen. Als kurze Einheit zwischendurch kann man auch die Kinder unterschiedliche Papierformen aus einer Kiste auswählen lassen und an Tischen arbeiten.

Material

- viele unterschiedliche Formen von Papierabschnitten (rund, eckig, trapezförmig, quadratisch, polygonal, ganz hohe und schmale), lange Papierbahnen
- Buntstifte, Bleistifte, Filzstifte
- Wasserfarben, Tempera-Farbpucks
- Pinsel verschiedener Stärken (28, 20, 16)

Hexenküche und Zauberlabor

Zusätzliche Materialien

- ölhaltige Wachsmalkreiden
- Tempera-Farbpucks
- Kleister
- rundes weißes Papier
- Zahnbürsten, Bürsten, Zackenkämme
- unterschiedliche Pinselbreiten
- wilde, anregende Musik

Impuls und Anregung

Erzählen Sie Geschichten von Zauberern und Hexen, von ihren Ritualen und Erkennungsmerkmalen. Vielleicht lenken Sie ihre Aufmerksamkeit auch auf einen schwarzen Hut, den Sie zur Kopfbedeckung eines Zauberers erklären. Lassen Sie die Kinder diesen Hut aufsetzen, sie werden dann selbst zu Zauberern oder Hexen und erfinden einen persönlichen Zauberspruch. Zu wilder Hexenmusik reiten die Kinder dann auf dem Besen in die Hexenküche oder fliegen ins Zauberlabor. Zeichnen und Malen zur Musik sind ideale Mittel, um den künstlerischen Ausdruck zu intensivieren und der Fantasie freien Lauf zu lassen.

Durchführung

Auf einem großen runden Papier, das einen Suppentopf mit Henkeln darstellen soll, stehen die Zutaten für die Kinder bereit (Wachsmalkreiden, Farben). Damit wird die Hexensuppe zubereitet. Erzählen Sie den Kindern, was üblicherweise in eine solche Suppe kommt: Spinnen, Schneckenschleim, bunte Drachenschuppen, Echsenschwänze etc. Lassen Sie die Kinder weiter fabulieren und motivieren Sie sie dazu, diese Ingredienzien in den Hexenkessel zu zeichnen. Sind die Zutaten in der Suppe, kommen weitere Sachen auf den Arbeitsplatz: Tempera-Farbpucks, Tiegel mit Kleister und verschiedene Pinsel bzw. andere Malgeräte (Bürsten, Zahnbürsten, Kämme). Zwischen den Zeichenaktionen ertönt immer

Musik und die Kinder tanzen um den Hexenkessel (rückwärts, schleichend, auf einem Bein, auf allen vieren ...) Hört die Musik auf, bleiben sie stehen und beginnen nach Anweisung wiederum in den Suppentopf zu malen. Jetzt kommen Zickzack-Muster, Hexenblitze, Wellenlinien, Punkte für Salz und Pfeffer hinzu sowie warme Farben — gelb, orange, rot — um die Suppe ordentlich zu erhitzen.

Musikvorschläge

- Altmann, Christof/Altmann, Vladislava (2002): Im Land der Zauberer und Hexen (CD)
- Vahle, Fredrik: Luzie Lindwurm (1998). Raben-, Drachen-, Hexenlieder (CD)

Bei den Zwergen und Riesen

Zusätzliche Materialien

- große Schrubber
- alte Besen
- alte, möglichst breite Malerpinsel oder Rollen
- Wattestäbchen
- Trinkhalme

Impuls und Anregung

Das Erzählen von Geschichten über Zwerge und Riesen ist eine tolle Anregung, um Kinder ganz in ein Thema eintauchen zu lassen. Gemeinsam überlegen Sie, wie sich diese fremden Gestalten bewegen könnten und welche Malutensilien und Papierformate für einen Riesen oder Zwerg wohl passend wären. Zur Einstimmung tanzen die Kinder zu entsprechender Musik, sie stampfen wie Riesen oder trippeln wie Zwerge.

Durchführung

Bauen Sie zwei Stationen im Raum auf:

- Station eins ist für die „Riesen": Eine lange Papierbahn liegt auf dem Boden. Eine oder zwei Bockleitern stehen daneben und um das Blatt herum liegen große Schrubber und breite Malerpinsel. Gemeinsam versuchen die Kinder nun mit den ungewöhnlichen Malutensilien ein Riesenalphabet zu malen; entweder reale Buchstaben, die sie schon beherrschen oder ein Fantasiealphabet. Abwechselnd steigen die Kinder auf die Leiter und berichten, was unten, auf dem Boden zu sehen ist.

■ Station zwei ist für die „Zwerge": Auf dem Boden liegt ebenfalls eine lange Papierbahn. Jedes Kind bekommt Wattestäbchen und Farbe und probiert, so damit zu punkten, als würden sich Zwerge über das Blatt bewegen. Danach werden lange Trinkhalme ausgeteilt, und mit Tusche und viel Puste wird ein Zwergentanz zur Musik durchgeführt.

Musikvorschläge

■ Die Füenf (2002): Ein Fest für König Gugubo: Das Steinzeit-Musical. Urgeschichten und Höhlensongs (CD)

■ Hering, Wolfgang/Meyerholz, Bernd (1995): Riesengroße Zwerge. Bewegungslieder und Spiellieder für Kinder (CD)

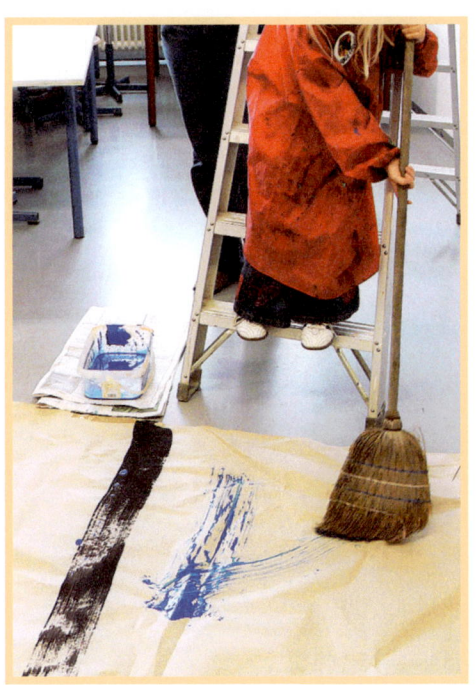

Die Wettermacher

Impuls und Anregung

Für dieses Mal- und Zeichenspiel sollten Sie die Fantasie der Kinder auf Wasser, Wind und Wetter lenken. Initiieren Sie Bewegungsabläufe: Wenn es stürmt, laufen die Kinder ganz schnell und bewegen die Arme wild dazu; schneit es, können sie die Flocken mit den Händen rieseln lassen; ein Wirbelwind dreht sich schnell um die eigene Achse und der Regen klatscht. Sicher fallen den Kindern noch weitere Möglichkeiten ein.

Durchführung

Entweder kleben Sie eine große viereckige Papierfläche (Länge je Bahn circa 1,5 m) zusammen, die Sie auf den Boden legen, oder Sie befestigen große Papierbahnen als Arbeitsfläche an der Wand. Legen Sie Wachsstifte, Buntstifte, Pinsel und Farben für jedes Kind bereit.

Suchen Sie eine passende Musik aus und fordern Sie die Kinder auf, sich dem Thema „Wetter" entsprechend zu bewegen. Bricht die Musik ab, greifen die Kinder zu Stiften oder Pinseln und versuchen, einen Ausdruck für Blitz, Donner, Regen etc. zu finden. Alternativ können Sie auch einfach ein Signal geben. Wenn die Töne erneut erklingen, setzt die Bewegungsphase wieder ein.

Schwebende Farbkleckse

Impuls und Anregung

Bunte Seidentücher bewegen sich durch ihre Leichtigkeit herrlich in der Luft und eignen sich fabelhaft als Bindeglied zwischen Tanz, Zeichnung und Malerei. Beim Tanz mit dem Tuch wird der gesamte Körper eingesetzt. Es entsteht ein harmonisches Gefühl des Fließens — im Zusammenspiel von körperlicher Bewegung und schwebendem, farbigem Tüchertanz.

Durchführung

Die Kinder tanzen mit ihrem Tuch um das vorbereitete Papierkarree; wenn die Musik aus ist, lassen sie ihre Seidentücher auf das Papier schweben. Gemeinsam bestaunen Sie mit den Kindern das mit den Seidentüchern gefüllte farbige Papierformat. Nun umkreisen die Kinder mit einem dicken Grafitstift die einzelnen Tuchformen. Wenn die Tücher entfernt werden, bleibt eine Zeichnung auf dem Papier.

Nun bekommt jedes Kind einen Pinsel sowie einen Puck mit einer einzigen Temperafarbe ausgehändigt und tanzt damit um das Papier. Sobald die Musik aufhört, beginnt es an der Stelle, an der es sich gerade befindet, malerisch auf die Zeichnung zu reagieren. Immer wieder werden die Farben untereinander ausgetauscht, das gemeinsame Werk bewundert und besprochen, bis alle der Ansicht sind, dass es vollendet ist.

... und das haben wir daraus gemacht

Katharina Litzel und Andrea Scherner vom *Kinderhaus Purzelbaum*, Schmiden

Farbenparty

Die Aktion mit ungewöhnlichen Papierformaten motivierte die Kinder zu ganz neuen Positionen beim Malen — mit dem ganzen Körper im Einsatz zu sein. So wurden Malweise und Motivwahl entscheidend und positiv beeinflusst. Wir überlegten uns, welchen zusätzlichen Anreiz wir für die Kinder schaffen könnten, damit der Körper nicht nur anders agiert, sondern auch als Malgrund mit einbezogen werden kann. Dafür ließen wir sie in Unterwäsche auf lang ausgerollten Tapetenbahnen mit Farbe experimentieren. Wir stellten Fingerfarben bereit, die wir zuvor mit Kleister vermischt hatten. Um beobachten zu können, welche neuen Farbmischungen entstehen, stellten wir nur die Grundfarben Rot, Gelb und Blau zur Verfügung.

Die Kinder hatten so einen Spaß ihren Körper zu bemalen, dass sie im Laufe des Prozesses dem Papier gar keine Beachtung mehr schenkten. Wir hatten zu dieser Zeit ein Kind mit Handicap in der Gruppe, das besondere Freude daran hatte, den Oberschenkel seines amputierten Beines anzumalen — eine ganz besondere Möglichkeit der Körpererfahrung für den Jungen.

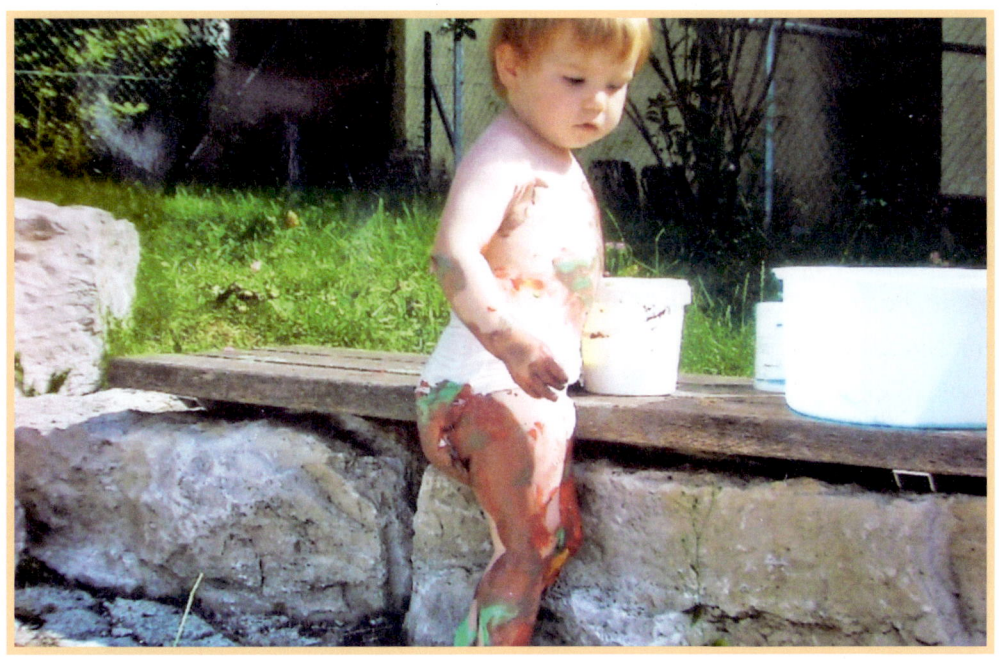

... und das haben wir daraus gemacht

Verena Jichi und Friederike Lenze vom *C. F. Werner-Kindergarten*, Fellbach

Neue Papierformate in der Malecke

Die Idee, nicht nur bei einer gemeinsamen Aktion runde, dreieckige bzw. gar nicht genormte Papiere als Bildträger einzusetzen, sondern auch mal den Malbereich ausschließlich mit Blättern in ungewöhnlichen Formaten auszustatten und als Experiment für Kindbeobachtungen zu nutzen, gefiel uns gut.

Wir tauschten also ohne Vorankündigung die Papiere aus und beobachteten zwei Wochen lang die Kinder und ihren Umgang damit in der Malecke. Relativ schnell kam die Frage von verschiedenen Kindern, ob es denn kein „normales" Papier gäbe. Sie reagierten etwas irritiert, als wir ihre Anfrage verneinten. Die meisten kehrten dem Maltisch jedoch deshalb nicht den Rücken zu, sondern betrachteten eine Weile die verschiedenen Papiere, um dann, inspiriert durch ihre Form (und mithilfe von Klebstoff, Scheren, Schnüren und anderen kleinen Hilfsmitteln), loszulegen. Es wurden tolle Hüte, Ketten, Rennbahnen, eine Schaukel usw. gebastelt.

Interessant war für uns, zu sehen, dass die Kinder zwar immer wieder nach dem Standardpapier fragten, mit den vorhandenen Papieren aber dennoch sehr zufrieden waren. Diese kamen zwar weniger als Malpapier zum Einsatz, dafür regten sie die Kinder sehr zum kreativen Basteln an.

Insgesamt war es sehr interessant, festzustellen, wie man ohne großen Aufwand Situationen initiieren kann, welche die Kinder aus ihrer „Schaffensroutine" herausholen sowie dem Team gute Möglichkeiten bieten, sie dabei zu beobachten und auf neue Art zu erleben.

Malen mit Pigmenten

Ein intensiveres Farberleben als das Experimentieren mit Pigmenten gibt es eigentlich nicht. Die Erfahrung, dass aus einem farbigen Pulver und Kleister eine Malfarbe entstehen kann, begeistert die Kinder immer wieder aufs Neue. Der Kleister nimmt dem Farbpulver die Stumpfheit und gibt der Malfarbe eine besondere Leuchtkraft. Sind die Farben einzeln erkundet, stellen sich neue Fragen, zum Beispiel: Was wohl passiert, wenn sich zwei verschiedene Pigmente miteinander vermischen? Die Kinder können sich selbstständig die Pigmente holen, wenn vorher besprochen wird, dass sie sich das Pulver mit einem Löffel in ihr Gefäß füllen. Bei den folgenden Aktionen steht im Vordergrund, unbekümmert aus dem Vollen zu schöpfen, denn Pigmente müssen nicht teurer sein als die fertig gekauften üblichen Farben. Verwenden Sie Theaterpigmente, die sind dafür prima geeignet und deutlich billiger als Künstlerpigmente.

… und das brauchen Sie dazu

Raumvorbereitung und -beschaffenheit

Sinnvoll ist es, einen Raum mit abwaschbarem Bodenbelag zu wählen. Große, stabile Abdeckfolien für die gesamte Fläche bieten einen zusätzlichen Schutz. Die Aktion kann gut auf größeren Malbrettern oder -pappen auf dem Fußboden durchgeführt werden.

Material

- eine große Abdeckfolie (Teichfolie)
- große Pappen als Arbeitsfläche
- Kleister (bereits angerührt)
- Farbpigmente in Pulverform (Theaterpigment ist günstiger als Künstlerpigment)
- Löffel
- möglichst große glatte Papierformate
- Spachtel oder grobzinkige Kämme

Schlamskis Abenteuer

Zusätzliche Materialien

- unterschiedliche Siebe
- Reagenzgläser

Impuls und Anregung

Hier werden Theaterpigmente durch Naturpigmente (Erdfarben) ersetzt. Dabei machen die Kinder die Erfahrung, wie unterschiedlich beispielsweise ein Braunton sein kann. Das regt dazu an, die Farben facettenreicher und differenzierter wahrzunehmen. Naturpigmente lassen sich auch gut mit Kleister als Bindemittel zur Malfarbe anrühren. Die Kinder können auf Erdpigmentsuche gehen — unterschiedliche Erden werden im Freien gesammelt und mit Sieben zu feinen Erdpigmenten verarbeitet. Solche Farbexperimente wecken den Forschergeist und die Neugierde.

Durchführung

Der Schlamski liebt es, dreckig und schmutzig zu sein — das ist auch der Grund für sein Aussehen: Er kleidet sich in den prächtigsten Brauntönen, die alle unterschiedlich sind. Motivieren Sie die Kinder, einen Schlamski zu malen, nachdem sie vorher im Garten verschiedene Erdproben genommen und diese mit Sieben in unterschiedliche Körnungen gebracht haben. In Reagenzgläser abgefüllt, erkennen die Kinder hierbei schon, wie unterschiedlich Erde aussehen kann. Diese Farben werden dann mit Kleister gebunden und schon kann der Schlamski entstehen.

Farbenzauberei

Impuls und Anregung

Auf großen stabilen Pappen direkt auf dem Boden zu arbeiten, hat den Vorteil, dass die Kinder im großen Format malen können. Auch die andere Körperhaltung, die sie beim Malen auf dem Boden selbst wählen können, beeinflusst — im Gegensatz zur Sitzhaltung am Tisch — die kreativen Prozesse überaus positiv. Das Malen mit den Händen ist ein sehr direktes Erlebnis, der Farbauftrag ist frei und folgt den Bewegungen des ganzen Körpers.

Durchführung

Jedes Kind bekommt zuerst nur einen Klecks Kleister auf sein Papier, den es mit dem Pinsel oder mit den Händen verteilen kann. Durch die Farblosigkeit des Kleisters kostet es zunächst erhebliche Mühe, die Malerei zu erkennen. Danach bekommen die Kinder einen Löffel mit Pigment auf ihr Blatt. Erst im Vermischen des Pigments mit dem Kleister wird die Malerei sichtbar. Über Geschichten werden die Kinder angeregt, z. B ein Meer aus blauem Pigment entstehen zu lassen, dessen Wellen durch die unterschiedlichen Pinselbewegungen beruhigt oder ganz wild sind. Da der Kleister lange nass bleibt, können immer wieder neue Strukturen erfunden und die Bilder verändert werden. Spachtel oder großzinkige Kämme, die man aus Pappe auch selbst herstellen kann, eignen sich hervorragend, um Wellen und Muster in die nasse Farbe zu schaben.

Herstellen von Naturfarben

Um in die Welt der Naturfarben einzutauchen, ist es ganz schön, sich mit den Kindern vorzustellen, wie Künstler vor Hunderten von Jahren Farben hergestellt haben. Als es noch keine Fabriken gab, die Farbe in Tuben abgefüllt haben und diese industriell hergestellt wurden, mussten weite Reisen unternommen werden, um Grundstoffe für Farben zu bekommen; teilweise waren es teure Halbedelsteine oder der königliche Farbstoff der Purpurschnecke.

Heute gibt es diesbezüglich keine geografischen Grenzen mehr bzw. sind die Farben durch die chemischen Entwicklungen erschwinglich geworden. Aber im Vergleich zu den chemisch hergestellten Farben, die sehr gleichförmig wirken, liegt der Reiz der Naturfarben in ihrer unterschiedlichen farbigen Vielfalt und Lichtwirkung. Künstlich hergestellte Farben können die Lebendigkeit und Ausstrahlung natürlicher Farben nicht ersetzen.

Probieren Sie es aus, die Herstellung ist unkompliziert und macht viel Spaß, denn sie ähnelt einem großen Kochtag. Als Vorbereitung oder zur Sensibilisierung auf Farben kann man einen Wettbewerb zum farbigsten Pausenbrot machen. Musterbücher können angefangen werden, in denen die Kinder ihre selbst hergestellten Farben vermerken bzw. neue sammeln.

... und das brauchen Sie dazu

Raumvorbereitung und -beschaffenheit

Teilweise kann man die Teeküche/Küche zum Farblabor umfunktionieren. Der Gruppenraum mit verschieden eingerichteten Farbstationen eignet sich aber genauso gut.

Material

- Zweiplattenherd oder Campingkocher
- Wasserkocher
- Töpfe und Siebe, um Grundsubstanzen von Farbe zu trennen
- Schraubgläser, um Farben aufzubewahren
- Schneidbrettchen, Messer und Scheren
- Kochlöffel
- Holzstäbchen oder kleine Löffel zum Umrühren

Schluss mit bunt!!!

Impuls und Anregung

Die Kinder stellen sich vor, wie das wäre, wenn es im Kindergarten keine einzige Farbe mehr gäbe, auch keine mehr zu kaufen — und wir sie nun selbst herstellen wollen. Denn auf das Malen möchten wir in keinem Fall verzichten. Was also tun? Was kann denn färben? Von welchen Farbstoffen sind wir umgeben? Gemeinsam mit den Kindern gehen Sie auf Entdeckungsreise durch den Kindergarten. Im Haushalt kann man vielleicht mit Ketchup und Kaffee malen oder im Garten mit verschiedenen Gräsern, Blumen und Beeren? Dabei können Sie so einiges ausprobieren. Je nach Jahreszeit können Sie die Rohstoffe bereitstellen; natürlich sind die Sommermonate mit den vielen Beeren und Früchten sehr geeignet, um leuchtende Farben herzustellen. Es ist aber auch sehr interessant, im Herbst Schwarz, bei einem kleinen Lagerfeuer herzustellen oder Braun mit vielen Zwiebelschalen bzw. Walnüssen zu fabrizieren.

Durchführung

Nachdem die Kinder ihren Alltag erforscht haben, werden Sie im Farblabor zu Farbherstellern. Richten Sie dafür unterschiedliche Stationen ein. Folgende Grundsubstanzen ergeben leuchtende Farben:

- Rot: Je nach Saison entweder Beeren oder Rotkraut und rote Bete klein schneiden und mit etwas Wasser aufkochen
- Gelb: Kurkuma/Curry im Wasser kurz aufkochen
- Blau: Holunder, Heidelbeeren zerkleinern und mit etwas warmem Wasser verdünnen
- Braun: Zwiebelschalen, Walnussschalen und Blätter mit Wasser aufkochen
- Schwarz: Holzkohle selbst herstellen (Holzstückchen am offenen Feuer oder am Grill herstellen)
- Grün: Petersilie schneiden und mit ganz wenig heißem Wasser überbrühen

… und das haben wir daraus gemacht

Verena Jichi und Friederike Lenze vom *C. F. Werner-Kindergarten*, Fellbach

Malen mit Naturfarben

Inspiriert von der Aktion, mit Naturmaterialien zu malen und anknüpfend an die bereits gewonnenen Erfahrungen, sammelten wir mit den Kindern alle Pflanzen, von denen wir annahmen, dass sie abfärben würden.

Gemeinsam stellten wir schnell fest, dass man die Blätter am besten mit Steinen etwas zerreibt, bevor man damit malerisch loslegt. Dabei wurden die Steine vom Pflanzensaft ganz bunt — eine tolle Begleiterscheinung. Die Beobachtungen der Kinder waren sehr vielfältig und interessant. Manche Blätter malten zum Beispiel trotz toller Farbe gar nicht gut, andere dagegen ergaben überraschende Farben. Beispielsweise malten rosa Rosenblätter plötzlich lila und weiße „Blütenfarbe" wurde wider Erwarten auf weißem Papier sichtbar. Einige Kirschen, die vom Frühstück übrig geblieben und schon etwas überreif waren, wurden auch gleich mit in die „Farbpalette" aufgenommen und verwendet. Es löste großes Erstaunen aus, wie viel Farbe in einer einzigen Kirsche steckte: „Hey, damit kann man ja ein ganzes Haus malen!" Bei den Blüten und Blättern war die Farbe hingegen meist sehr schnell aufgebraucht. Manche Kinder waren beim Malen sehr konzentriert dabei, für andere hingegen war das Sammeln viel wichtiger.

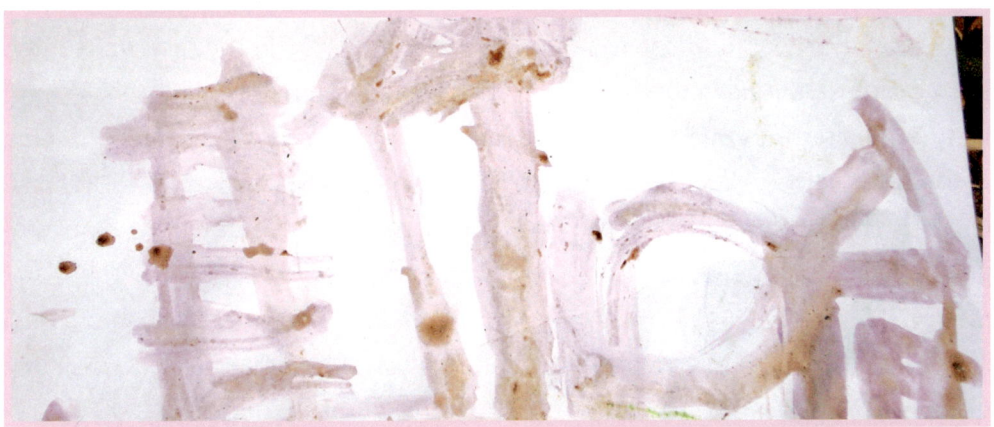

... und das haben wir daraus gemacht

Heidi Kinne vom *Kath. Kindergarten St. Franziskus*, Fellbach

Farben – Wir zaubern mit Krepppapier!

Mit gewöhnlichen Materialien mal etwas ganz anderes herzustellen und die Kinder damit experimentieren zu lassen, hat mich zu folgender Aktion bewogen: Wir stellten aus Krepppapier Farbe her.

Als Einstieg erzählte ich den Kindern eine selbst erfundene Geschichte von einem Zauberer, der im Farbenland lebte und dessen Farben ausgegangen sind. Die Kinder wurden zu kleinen Zauberlehrlingen. Für die Zauberwerkstatt habe ich verschiedenfarbiges Krepppapier, Reagenzgläser, Pipetten, Filterpapier und Wasserbehälter bereitgestellt. Nun begannen die Kinder im Farbenland buntes Farbwasser herzustellen. Das ging ganz leicht und die Kinder waren völlig fasziniert davon, wie sich die einzelnen Farben mischten und dadurch neue Farbkompositionen entstanden.

Tipp: Geben sie noch ein wenig flüssige Farbe (wie z. B. Fingerfarbe oder Ähnliches) in das Wasser, um noch farbintensivere Ergebnisse zu erzielen!

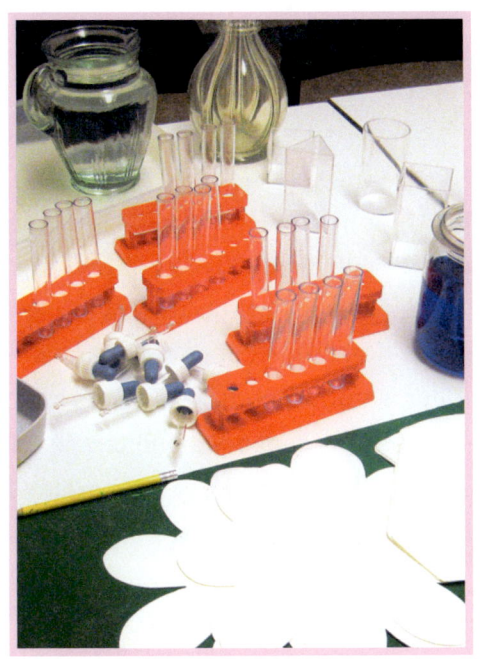

Aktionen mit Naturmaterialien

Die unglaubliche Vielfalt an Materialien und Farben, die in der Natur zu jeder Jahreszeit zu finden sind, regt immer wieder zu neuen Ideen an. Aus natürlichen Materialien (wie Steine, Sand, Laub, Äste und Wurzeln, Lehm, Blüten, Gräser oder Schnee) entstehen interessante Bilder und Konstrukte, aber auch fantastische Tiere und vieles mehr. Das Arbeiten in der Natur berührt alle Sinne, weckt die Fantasie und hilft, durch das Einbeziehen des Ortes, das Schöne der Natur wahrzunehmen. Die Kunstwerke sind oft vergänglich und der Besitz des Werkes spielt keine Rolle.

... und das brauchen Sie dazu

Raumvorbereitung und -beschaffenheit

Suchen Sie sich eine Lichtung im Wald bzw. eine Stelle, an der der Waldboden nicht zu sehr bewachsen ist, damit man die künstlerischen Eingriffe der Kinder auch erkennen kann.

Material

Das Schöne ist, dass die Natur alles bietet, was man für eine Waldaktion braucht. Sie könnten evtl. noch Kordeln, Taschenmesser und Taschen zum Sammeln von Naturmaterialien mitnehmen.

Waldwesen oder Waldungeheuer

Impuls und Anregung

Gehen Sie mit den Kindern in den Wald auf Forschungsreise. Tauchen Sie ein ins Reich der Fantasie – in die Welt der „Waldwesen". Entdecken Sie gemeinsam Spuren, die von den Waldwesen stammen könnten, und inspirieren Sie die Kinder, ihre Vorstellungen bildnerisch auszudrücken.

Durchführung

Am besten arbeiten Sie in Kleingruppen mit höchstens vier Kindern. Ein Kind aus der Gruppe legt sich als Modell auf den Boden und die anderen umlegen mit Stöcken, Blättern und anderen Materialien seinen Umriss. So kommt man am einfachsten zu einer lebensgroßen Figur. Jetzt bekommt das Wesen seinen Charakter, denn die Umrisslinie wird gefüllt und ergänzt mit Fell oder Stacheln, mit Krone oder Waffe. Zum Schluss stellt jede Gruppe ihr Wesen den anderen vor und erzählt in einer Geschichte, was es im Wald für eine Rolle spielt.

... und das haben wir daraus gemacht

Judith Löffelhardt und Dorothee Beck vom *Johannes-Brenz-Kindergarten II*, Evangelischer Verein Fellbach e. V.

Naturmaterialien kombiniert mit Makulaturpapier

Inspiriert von der aufblühenden Natur wollten die Kinder ein Stück Frühling „einfangen". Sie organisierten Aststücke von Obstbäumen und entschieden, diese mit „künstlichen" Materialien zu kombinieren, nämlich mit Geschenkbändern und Papier. Um die Äste miteinander zu verbinden, holten sie sich Draht und Schnur. So entstanden in einer Gruppe bunte, verschieden geschmückte Objekte, während die andere Gruppe ein Objekt gemeinsam baute, das sie „Boot mit Spinnennetz" nannte.

Die Größe dieses Objektes stellte die Kinder vor ungewohnte statische Herausforderungen — sie gingen aber sehr planvoll vor: Zunächst verbanden sie alle Äste in gerader Linie miteinander. Anschließend wollten sie diese Form rund biegen und befestigen. Dann drehten sie lange Bahnen von Makulaturpapier zu dicken „Papierschlangen" zusammen und umwickelten damit die Astkonstruktion, „weil so hält's!" meinten sie. Ich, als Erzieherin, war heimlich etwas skeptisch. Doch die Umsetzung gelang und die Kinder behielten recht, wie das Foto auf der rechten Seite zeigt.

Aktionen mit Reis

Schaffen Sie einen Sack Reis für Ihre Einrichtung an. Reis ermöglicht nicht nur intensive sinnliche und haptische Erfahrungen, sondern eignet sich hervorragend als Material, um sich mit dem Begriff „Spuren" auseinanderzusetzen. Mit ungekochtem Reis kann man wunderbare Ornamente erfinden, Landschaften entstehen lassen und vieles mehr.

Zu Beginn der Aktion erscheinen schon beim Schütten des Materials zufällige Bilder und Anordnungen. Im kreativen Prozess des Verschiebens, Streuens und Anhäufens entwickeln sich immer wieder neue Spuren und Bilder.

... und das brauchen Sie dazu

Raumvorbereitung und -beschaffenheit

Ein Raum mit Holz- oder PVC- Boden bietet die Möglichkeit, „Spuren" auch direkt auf den Boden zu streuen. Am Ende muss man die Reiskörner nur noch zusammenkehren und wieder in den Sack schütten.

Material

- ein Sack Reis (10 kg), Bruchreis gibt es günstig in türkischen oder asiatischen Supermärkten
- verschiedene Gefäße und Becher

Leise rieselt der Schnee

Impuls und Anregung

Besonders bei den Kleinen liegt der Schwerpunkt der Reis-Aktion im haptischen Bereich. Sie lernen das Material durch das Betasten kennen. Das Gefühl, die Körnchen durch die Hände rieseln zu lassen, das Lauschen auf das Geräusch, wenn die Reiskörner von Becher zu Becher geschüttet werden, haben eine fast meditative Auswirkung auf die Kinder.

Durchführung

Stellen Sie einen zugebundenen, mit Reis gefüllten Sack in die Mitte. Nun sollen die Kinder durch Drücken und Tasten erraten, was sich im Sack befindet. Wichtig bei der Aktion ist, dass jedes Kind das neue Material eigenständig erkunden kann. Sorgen Sie dafür, dass ausreichend Platz um ein großes Gefäß herum vorhanden ist, damit alle gut hineingreifen können. Im besten Fall hat jedes Kind aber seine eigene kleine Schüssel. Stellen Sie zusätzlich Becher und Behältnisse aus Pappe, Plastik und Blech zur Verfügung, in denen das Auftreffen der Körner auf dem Gefäßboden ganz unterschiedlich klingt. Zur Abwechslung kann man den Reis mit Löffeln von Kind zu Kind weitergeben, das erfordert sehr hohe Konzentration und Achtsamkeit.

Versteckte Zeichen

Zusätzliche Materialien

- farbige DIN-A4-Papiere
- große Schuhkartondeckel
- dicke Grafitstifte

Impuls und Anregung

Spuren mit Reis zu streuen, kann Kinder zu neuen Zeichenideen und -motiven führen.

Durchführung

Legen Sie farbige Tonpapiere in einen Schuhkartondeckel. Lassen Sie darauf die Kinder mit Reis Spuren (Linien und Flächen) streuen. Anschließend umfahren die Kinder mit einem Grafitstift ihre gestreuten Formen. Nun kippen sie den Reis wieder ins Gefäß: Zurück bleibt die Grafitzeichnung auf dem farbigen Blatt. Der überraschende Moment, eine Zeichnung unter dem Reis hervorzuziehen, spornt die Kinder zu immer neuen Versuchen an, die, gleich an die Wand gehängt, zu einer kleinen Ausstellung wachsen können. Anschließend versuchen die Kinder gemeinsam Dinge, Figuren oder Tiere in den Zeichnungen zu erkennen. Vielleicht entspinnen sich kleine Geschichten daraus.

Reislandschaften

Zusätzliche Materialien

- große bunte Tonpapiere

Impuls und Anregung

Als große Bodenarbeit entwickeln die Kinder gemeinsam ihre Insel, auf der so manches passieren kann. Dabei wird nicht nur der Tastsinn, sondern vor allem die Kommunikation untereinander angeregt.

Durchführung

Auf einer großen farbigen Fläche können die Kinder in einer Gemeinschaftsarbeit Reisspuren legen, streuen oder schieben. Die so entstehenden Bilder erinnern an Landschaften mit Feldern, Straßen und Bergen. Sie können von den Kindern stehend, wie aus der Perspektive eines Vogels oder aus einem Flugzeug, von oben herab betrachtet und in eigenen Worten erläutert werden.

... und das haben wir daraus gemacht

Katharina Litzel und Andrea Scherner vom *Kinderhaus Purzelbaum*, Schmiden

Mandala aus Reis

Uns faszinierte am Material „Reis", dass es so vielseitig eingesetzt werden kann. Es hat uns dazu motiviert, eine riesige Bodenarbeit zu gestalten. Gleichzeitig setzten wir das Material für eine lebendige Geschicklichkeitsübung ein.

Alle Kinder verwandelten sich in Feuerwehrleute, die einen Brand löschen mussten. Ein Eimer stellte das Feuer dar, der Reis das Wasser. Nun hieß es, so schnell wie möglich das Wasser zum Eimer zu bringen. Dafür bildeten wir eine Menschenkette, jeder mit einem Löffel ausgestattet, um das Wasser von Löffel zu Löffel bis zur Feuerstelle zu transportieren. Es ging natürlich auch viel „Wasser" verloren, woraufhin es sich anbot, noch mehr Reis dazu zu schütten, direkt auf dem Boden weiterzuarbeiten und alles zu einer gemeinsamen Bodenarbeit wachsen zu lassen. Wir legten Springseile aus und bildeten damit Kreisabschnitte. Jedes Kind bekam ein Feld, das es nach seiner eigenen Fantasie gestalten konnte — und heraus kam ein individuell gestaltetes Mandala.

Das Material „Reis" bietet sich wirklich hervorragend an, um Kinder ungestört experimentieren zu lassen, aber auch, um gemeinsam „wichtige" Aufgaben zu bewältigen.

... und das haben wir daraus gemacht

Ina Feiler und Judith Stucke vom *CVJM-Kindergarten* des Evangelischen Vereins Fellbach e. V., Fellbach

Reis als Sinneserfahrung

Für unsere vielen Dreijährigen hielten wir das Material „Reis" für sehr geeignet, um ihnen neue Erfahrungen zu ermöglichen. Unsere Aktion, die wir uns dazu überlegten, nannten wir „Reise ins Risottoland". Dabei sind wir mit den Kindern auf eine Sinnes-Erfahrungsreise gegangen. Hier galt es zum Beispiel, einen „Reisfluss" barfuß oder in Socken zu überqueren.

Da das Material bei den Kindern solch eine große Resonanz fand, beschlossen wir, es auch für das Freispiel einzusetzen: Wir tauschten den Sand in unserem „Sandtisch" im Gruppenraum durch Reis aus. Inzwischen schütten die Kinder, wiegen, messen und füllen den Reis in Trichter und Behälter. Sie lassen sich den Reis über die Arme und Beine rieseln und machen dadurch immer wieder intensive Körper- und Sinneserfahrungen.

Aktionen mit selbst gemachter Knetmasse

Die Verwendung von selbst hergestellter Knetmasse ist von besonders kreativem Wert. Schon die ganz Kleinen haben Spaß daran, mit diesem Material, das ein echter Handschmeichler ist, Würstchen oder Kugeln zu rollen. Bei älteren Kindern wird der Wunsch nach konkret Gestaltetem erfüllt. Die Kinder kann man sehr gut am Herstellungsprozess beteiligen.

... und das brauchen Sie dazu

Raumvorbereitung und -beschaffenheit

Diese Aktion führt man am besten auf dem Boden aus, es eignen sich aber auch Tische.

Material

- Plastikschüsseln

Für den Teig:

- 400 g Mehl
- 200 g Salz
- 0,5 l kochendes Wasser
- 3 El Speiseöl

Zubereitung:

- Mehl mit Salz mischen.
- Das kochende Wasser langsam einrühren.
- Die Masse durchkneten.
- Am Ende das Öl einträufeln und nochmals durchkneten.
- Durch die Zugabe von etwas Alaun (Apotheke) wird der Teig wesentlich form- und haltbarer, allerdings ist dies gesundheitlich umstritten.

Vom Kuchen zum Wurm

Impuls und Anregung

Das Material benötigt keine große Einführung, denn die weiche, geschmeidige Substanz regt schon die Kleinsten unmittelbar an, sie „buchstäblich" zu begreifen.

Durchführung

Bei dieser Aktion ist es wichtig, dass jedes Kind seine eigene Knetmasse hat, um ungestört individuelle Erfahrungen machen zu können. Die Knete kann sich endlos verändern: Sie mutiert vom Kuchen zum Wurm oder zum wilden Tier. Dinge können erschaffen, zerstört und neu geformt werden. Unterschiedlich farbige Unterlagen regen die Fantasie an. Blaues Tonpapier inspiriert die Kinder z. B. dazu, Fische oder Menschen im Wasser zu kneten, während ein brauner Karton eher zum Formen von Pflanzen oder Würmern anregt.

So ein Theater mit der Knete!

Zusätzliche Materialien

Ein einfaches Puppentheater, entweder bereits vorhanden oder selbst herge-stellt, mit drei Pappen in U-Form aneinandergeklebt.

Impuls und Anregung

Die Knetmasse kann auch dazu benutzt werden, Figuren und Gegenstände für kurze Theaterszenen entstehen zu lassen, denn das Erfinden von Geschichten oder von Rollenspielen, nimmt im Alltag einen wichtigen Platz ein. Ein Puppen-theater als Ausgangspunkt kann die Kinder optimal dazu anregen, sich Geschich-ten zu überlegen und sie zu inszenieren.

Durchführung

Diese Aktion eignet sich sehr gut zur Einführung ins Theaterspiel. Hier können zahlreiche Fragen diskutiert werden: Was braucht man zum Theaterspielen? Wel-che Figuren treten auf? Sprechen die Figuren? Braucht man Geräusche oder läuft Musik im Hintergrund? Welches Bühnenbild wäre passend?

Die Kinder überlegen sich eine Geschichte, zu der sie dann mit Pappen und Bunt-papieren auch ein Bühnenbild gestalten. Am besten geschieht dies in kleinen Gruppen.

... und das haben wir daraus gemacht

Claudia Deml vom *Kath. Kindergarten St. Franziskus,* Fellbach

Kneten mit Kraft!

In unserer Einrichtung nahmen wir gerade intensiv die Grundfarben mit den Kindern durch und für die Farbe Rot wollte ich etwas Besonderes anbieten. Warum nicht eine Aktion mit selbst gemachter Knetmasse als Malangebot? Mir ging es dabei vor allem darum, die Farbe Rot mit körperlichem Krafteinsatz in Verbindung zu bringen. Dabei sollten die Kinder erfahren, wie sie gemeinsam, mit ihren Kräften einen roten Knetteig herstellen können.

Für die Kinder war es sehr interessant, zu beobachten, wie unterschiedlich sich die Knetmasse, je nach Färbemittel veränderte und wie viel Kraft es benötigte, um endlich eine schöne, tiefrote Farbe zu bekommen. Dabei wurde in einer großen Plastikwanne geknetet, gedrückt und die einzelnen Zutaten mit viel Körpereinsatz zu einem geschmeidigen Knetteig verarbeitet. Natürlich entstanden dann aus der fertigen Knete entsprechend farbliche Umsetzungen: Kirschen, Tomaten, Herzen und vieles mehr.

Hinweis: Mit Malfarben wird der Teig dunkelrot; mit Lebensmittelfarben wird er nur rosa.

... und das haben wir daraus gemacht

Ursula Steinheil vom *Kath. Kindergarten St. Franziskus*, Fellbach

Die Maus im Laden

Durch die Beschäftigung mit selbst gemachter Knetmasse kam mir die Idee, diese dafür einzusetzen, den Kindern gezielte Sprachanreize zu bieten. Ich las die Geschichte von der Maus im Laden aus dem Buch „Achtundzwanzig Lachgeschichten" von Ursula Wölfel vor.

Sechs dreijährige Kinder verschiedener Nationalitäten saßen gespannt um einen Tisch, auf dem ein Teller mit handgroßen Knetkugeln und ein alter Kaufladen unter Tüchern versteckt waren. Was mag da wohl unter den Tüchern sein? Gespannt haben sie der Geschichte gelauscht, um dann anschließend die vorbereitete Knetmasse zu all den Lebensmitteln zu formen, die in der Geschichte vorkommen.

Das hat so gut funktioniert, dass wir das Material nun auch während des Freispieles einsetzen. Kinder sammeln damit Erfahrung und benutzen die Knete, um den Inhalt von Geschichten nachzuerzählen und nachzukneten. Dafür habe ich das Grundrezept drei Mal hergestellt und jeweils mit einer Tube Lebensmittelfarbe rot, gelb und grün eingefärbt.

Wichtig: Unbedingt Alaun oder Weinstein zur Herstellung der Knetmasse verwenden, ansonsten wird sie zu klebrig.

Aktionen mit Styropor

Bei dieser Aktion wird der Müll von gestern zum künstlerischen Material von heute! Styroporstücke aus Verpackungen kann man in Geschäften erhalten und mit Kindern kreativ recyceln. Der Vorteil dieser unterschiedlich großen, geometrischen Formen gegenüber herkömmlichem Bau- und Konstruktionsmaterial besteht darin, dass sie die Kinder zu ganz anderen Bauweisen motivieren. Durch ihr geringes Gewicht und durch die Verbindung mit Holzstäbchen können auch schwebende und auskragende Teile entstehen. So kann das Thema „Konstruktion" vertieft und erweitert werden. Vielleicht bekommt die Bauecke temporär ein neues Gesicht?

... und das brauchen Sie dazu

Raumvorbereitung und -beschaffenheit

Sie brauchen einen freien Platz in der Mitte des Raumes sowie einen Staubsauger, um am Ende der Aktion die Styroporkugeln zu entsorgen.

Material

- große und kleine Stücke Styropor
- Chips und Flocken aus Styropor
- Schaschlikspieße und/oder Zahnstocher
- eventuell einen Styroporschneider, um große Stücke zu teilen, oder ein Teppichmesser

Architekturwerkstatt

Impuls und Anregung

Kinder lieben es, mit Abfallmaterial zu experimentieren — Styropor eignet sich dafür ganz ausgezeichnet. Ganz nebenbei lernen sie auch größere, dreidimensionale Formen mittels einfacher Konstruktionsmethoden zu errichten und relativ stabil zusammenzusetzen.

Mit der Frage „Wer wohnt wo?" kann man zudem den Blick der Kinder auf die Architektur lenken, die sie unmittelbar umgibt. Entdecken Sie gemeinsam mit den Kindern verschiedene Architekturformen und ihre Funktionen, lassen Sie die Kinder ihre nächste Umgebung bewusst beobachten. Finden Sie gemeinsam heraus, welche unterschiedlichen Stilrichtungen Gebäude aufweisen.

Durchführung

Errichten Sie einen großen Styroporberg in der Ecke des Aktionsraumes, die freie Mitte ist die Konstruktionsfläche. Lenken Sie den Blick der Kinder auf den weißen Berg und überlegen Sie gemeinsam mit ihnen, was man aus diesen Teilen bauen könnte. Vielleicht eine große Mauer, eine Brücke, einen hohen Turm, eine Stadt oder ein Dorf? Zeigen Sie den Kindern, wie eine stabile Verbindung der Styroporteile mittels Zahnstochern oder Schaschlikspießen zu bewerkstelligen ist.

Roboterwerkstatt

Zusätzliche Materialien

- Trinkhalme mit beweglichen Teilen
- Gold und Silberfolien
- kleine Schnipsel Glitzerpapier
- Elektroschrott – alte Elektrokabel, Drähte
- Zangen, Handbohrer
- Styroporschneider – heißer Draht

Impuls und Anregung

Sprechen Sie mit den Kindern über Roboter und Maschinen. Dieses Thema eignet sich als Einführung hier ganz besonders. Überlegen Sie gemeinsam, wie diese funktionieren, sprechen oder laufen könnten. Eine passende Musik hilft den Kindern, sich körperlich (durch Bewegung oder Tanz) in Roboter oder Maschinen zu verwandeln.

Durchführung

Bauen Sie eine Roboterwerkstatt mit mehreren Stationen auf:

- Station 1: Jedes Kind holt sich aus einem großen Materialberg Styroporteile für seinen speziellen Roboter. Mit gekürzten Trinkhalmen lassen sich bewegliche Arme und Beine gestalten.
- Station 2: Mit dem Styroporschneider, der immer nur in Anwesenheit Erwachsener benutzt werden darf, können die Kinder selbst die passenden Teile zuschneiden.
- Station 3: Mit Kleinteilen aus Elektroschrott kann man witzige Details hinzufügen, beispielsweise ein altes Stromkabel oder ausrangierte Leuchtdioden. Für Kinder ist es eine tolle Herausforderung, mit Geräten und Werkzeugen zu arbeiten, die sonst nur Erwachsene benutzen.

Musikvorschlag

- Hilbert, Jörg/Janosa Felix (2003): Blechdance. Ritter Rost zum Abtanzen (CD)

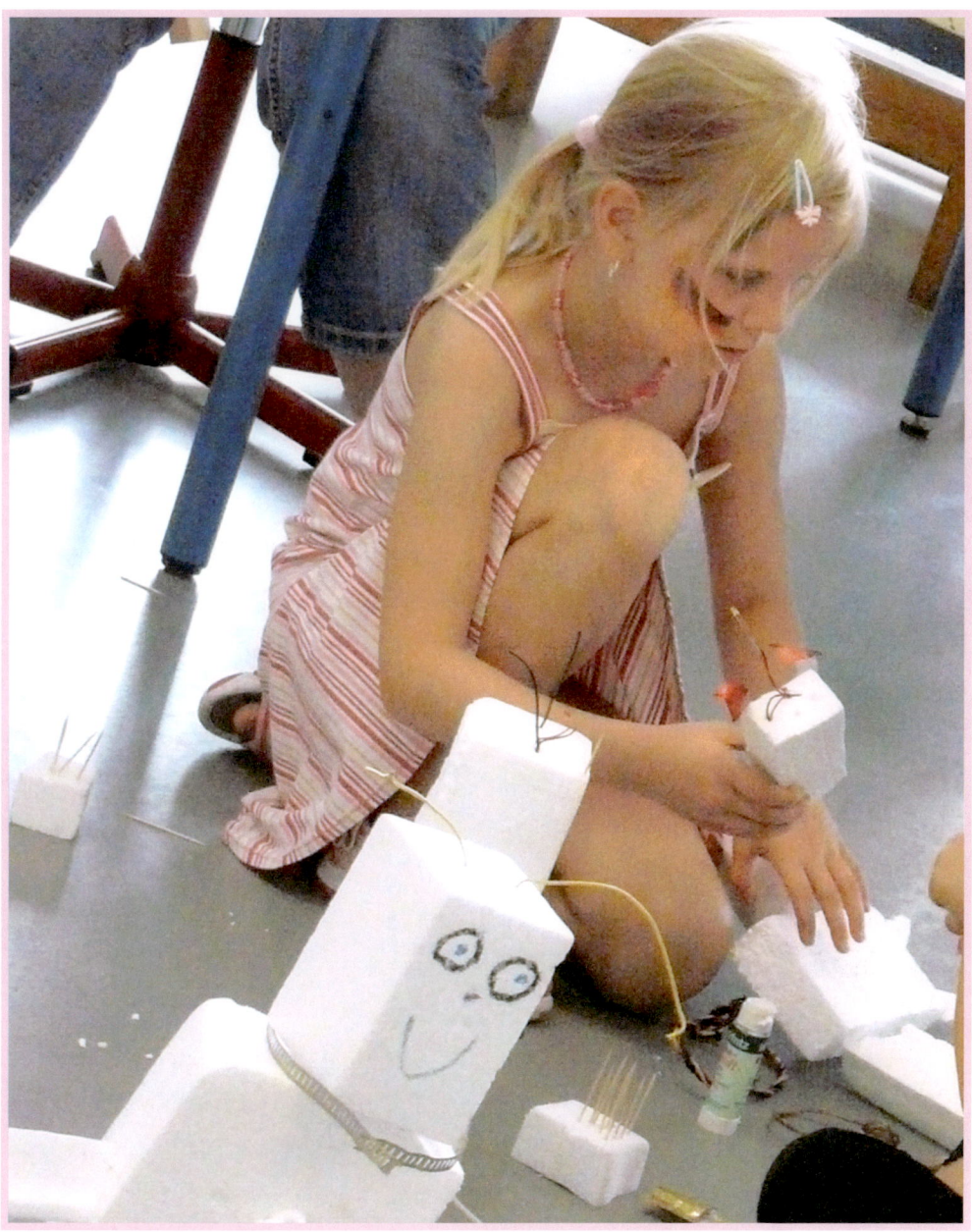

… und das haben wir daraus gemacht

Ute Schneider und Bettina Müller vom *Kindergarten Postweg,* Schmiden

Burgen bauen

Die Idee, mit dem Material „Styropor" zu arbeiten, gefiel uns gut. So beschlossen wir, als Gruppenaktion einmal richtig groß und gemeinsam zu bauen. Dementsprechend wurden auch große Stücke gesammelt. Das gesamte Material legten wir in die Mitte eines Gruppenraumes. Die Kinder bekamen die Aufgabe, in zwei Gruppen jeweils eine Burg als Gemeinschaftswerk zu bauen, d. h. im „Großen" zu arbeiten und den gesamten Raum zu nutzen. Wichtig war uns hierbei, ein gemeinsames Ziel zu verfolgen, bei dem jedes Kind die Möglichkeit hat, seine eigenen Ideen und Vorstellungen umzusetzen.

Die Konstruktionsweise, die Verbindungen zwischen den Teilen ausschließlich aus Schaschlikspießen und Zahnstochern herstellen zu können, beeindruckte dabei nicht nur die Kinder, sondern auch uns. So konnte ohne großen Kraftakt, immer weiter angebaut werden. Damit die fertigen Bauwerke von den Kindern danach noch verwendet und auch transportiert werden konnten, bildeten große Styropor-Platten die Grundfläche der Burgen. Während des Prozesses verglichen die Kinder ihre Burgen miteinander, tauschten sich darüber aus und entwickelten neue Ideen für den Weiterbau.

Aktionen mit Karton

Mit lebensgroßen „Bauklötzen" zu bauen, fasziniert Kinder sehr. Sich damit wechselseitig durch den Raum zu schieben oder sie als Behausung zu nutzen, reizt immer wieder aufs Neue. Da kaum jemand auf Dauer genügend Lagerfläche für große Kartonagen hat, eignen sich solche Aktionen besonders für Projektwochen oder Thementage. Während dieser Zeit kann intensiv gebaut und gespielt werden, der Erlebniswert ist dabei enorm.

Fragen Sie bei Elektrofachmärkten nach, da gibt es große Kartonagen von Kühlschränken oder Waschmaschinen meist auch schon gefaltet und somit leicht zu transportieren.

... und das brauchen Sie dazu

Raumvorbereitung und -beschaffenheit

Es eignet sich jeder Gruppenraum oder, für Bewegungseinheiten, auch der Rhythmikraum.

Material

- unterschiedlich große Kartonagen
- braune Wellpappen

Lebensgroße Bauklötze bewegen

Impuls und Anregung

Ungewöhnliche Formen und Größen von Kartonagen lösen Assoziationen bei den Kindern aus. Hier steht ein dynamischer Bewegungsprozess im Vordergrund. Die Kartons sind die Impulsgeber, um zu balancieren, Räume zu unterteilen oder temporäre Bauten entstehen und wieder verschwinden zu lassen.

Durchführung

Regen Sie die Kinder innerhalb einer Spielsituation zu folgenden Aufgaben an:

- Die Kinder bepacken sich mit möglichst vielen Kartons und versuchen auf einer Linie zu balancieren, ohne daneben zu treten. Die Linie können Sie einfach mit Klebeband auf dem Fußboden anbringen.
- Eine weitere Aktion ist das „Taxi fahren“: Paarweise suchen sich die Kinder einen großen Karton, mit dem sie sich abwechselnd durch den Raum schieben.
- Oder Sie teilen die Kinder in zwei Gruppen auf und spielen „Wir bauen eine Mauer“: Jede Gruppe bekommt gleich viele Kartons zu Verfügung gestellt. Nun beginnen die Gruppen abwechselnd die Mauer zu bauen. Wie hoch sie wird, hängt ganz vom Geschick der Gruppe ab.

Durch die großformatigen Pappkisten werden die Kinder immer wieder motiviert, zwischen Gestaltung und Benutzung spielerisch zu wechseln.

Eine Welt aus Karton

Zusätzliche Materialien

- Tempera-Farbpucks und Pinsel
- Alufolie, Glitzerschnipsel
- Klebeband und Flüssigkleber
- gut deckende Farben (Tempera oder Dispersion)
- Paketschnur
- Teppichmesser
- allerlei Dekorationsmaterial

Impuls und Anregung

Tolle Türme, Schlösser oder Burgen können aus großen Verpackungskartons gebaut werden. Streichen Sie die Kisten innen mit schwarzer Farbe an. Schon haben Sie eine wunderbare Bühne für das Schwarzlichttheater! Um dieses Theater zu beleben, kombinieren Sie die Einheit mit den Pappkisten mit der Einheit „Schwarzlichttheater" (S. 132). Eine Welt aus Karton verändert temporär den Gruppenraum und regt zu neuen Rollenspielen an.

Durchführung

Verteilen Sie im Raum viele unterschiedlich große Kartonagen und Wellpappen, die zu Türmen gerollt werden können. Gemeinsam überlegen nun die Kinder, wie ihre Stadt oder ihr Schloss aussehen könnte und was man dazu alles brauchen würde: Aussichtstürme, Zugbrücken etc.

Nun beginnen die Kinder zu zweit oder zu mehreren aus den großen Kartonagen und gerollter Wellpappe Gebäude entstehen zu lassen, die von außen mit Alufolie oder Glitzerpapierresten und mit Farben gestaltet werden. Schneiden Sie mit einem Teppichmesser eine Türöffnung in den Karton. Mit Klebeband oder Schnur ist sie wieder verschließbar.

... und das haben wir daraus gemacht

Veronika Jochum und Katharina Präg vom *Kath. Kindergarten Isolde,* Fellbach

Kartons und Papier – eine gute Kombination

Eines Morgens wollten wir Kartons in der Papiertonne entsorgen. Wir kamen aber gar nicht dazu, da sich die Kinder im wahrsten Sinne des Wortes auf die Kartons stürzten. Motiviert durch die Ideen aus der Projekthandreichung, beschlossen wir, eine Aktion durchzuführen, in der wir Kartons und Makulaturpapierbahnen miteinander kombinieren wollten.

In einem großen, separaten Raum stellten wir die Kartons auf und legten Bahnen aus Makulaturpapier aus. Die kleinen Handwerker durften nun mit dem Papier und den Kartonagen frei gestalten. Wir Erzieherinnen zogen uns bewusst zurück und ließen die Gruppe ungestört werkeln. Dabei sind ganz tolle Spielideen entstanden. Es wurden Häuser gebaut, Haustürschlüssel gebastelt, Kleider angefertigt, Eistüten mit Kugeln hergestellt, ein Schwimmbad mit Wasser aus Papierschnipseln gebaut, mit Handtaschen aus Pappe umherspaziert und vieles mehr. Wir waren selbst erstaunt, auf welche Ideen die Kinder kamen. Es war herrlich, sie so im Spiel gefangen zu beobachten und die Aktion fotografisch festzuhalten. Die Dauer des Angebotes variierte und gestaltete sich nach Lust und Laune der Kinder.

... und das haben wir daraus gemacht

Melanie Biedermann vom *Kath. Kindergarten St. Franziskus,* Fellbach

Eine „Stadt" aus Recyclingmaterial

Im Team haben wir überlegt, welche Materialien unsere Kinder kennen, mit welchen sie täglich umgehen und welches man in größeren Mengen schnell und kostenlos besorgen könnte. Wir entschieden uns für Recyclingmaterial aus Plastik, von dem wir schon in kürzester Zeit einen Riesenberg gesammelt hatten.

Mit einer Kleingruppe von sechs Kindern im Alter von fünf Jahren führte ich die Aktion durch. Ich legte alles Gesammelte auf einen Berg in die Mitte des Raumes und deckte es mit einem großen Tuch ab. Ein wichtiger Teil dieser Aktion war, den Kindern die Zeit zu geben, das Material zu erfahren und zu testen. So habe ich sie zuerst unter dem Tuch befühlen und Bezeichnungen dafür finden lassen. Als ich den Berg enthüllte, war die erste Reaktion der Kinder: „Igitt, Müll!". Aber dann wurde es spannend. Sie testeten die einzelnen Plastikteile mit allen Sinnen. Sie haben sie zerdrückt, sind darauf gesprungen, um den Knall zu hören, und allmählich wurde aus dem „Müll" Baumaterial. Die Kinder bekamen die Aufgabe, aus diesem Berg von Recyclingmaterial etwas Neues entstehen zu lassen: Häuser, Türme, Tore, Wohnwagen und vieles mehr. Um den Bau dieser fantasievollen Behausungen zu erleichtern, gab ich den Kindern Klebeband und Klebstoff als „Mörtel". Am Ende hatten wir eine Stadt aus Recyclingmaterial erschaffen!

Tipp: Ich empfehle einen Klebstoff, der schnell trocknet und für Plastik geeignet ist.

Schwarzlichttheater

Experimente mit fluoreszierenden Farben und Schwarzlicht sind sehr effektvoll und für Kinder faszinierend. Mit relativ geringem Aufwand können Sie und Ihre Kindergruppe mit diesen Mitteln kunstvolle Szenen in den Raum zaubern. Diese Aktion lässt sich auch prima mit der Einheit „Eine Welt aus Karton" (S. 126) kombinieren. Aus Kartonagen lassen sich tolle Schlösser, Burgen und Türme bauen, die, sobald sie mit einem Türchen versehen und innen schwarz ausgemalt sind, eine ideale Bühne für ein Schwarzlichttheater ergeben. Die so entstandenen Burgen und Schlösser können auch die Puppenecke auf interessante Weise verwandeln, wenn den Puppen weiße Gewänder angezogen werden und sie im Schwarzlicht in einem neuen Licht erscheinen.

... und das brauchen Sie dazu

Raumvorbereitung und -beschaffenheit

Im Grunde eignet sich jeder Gruppenraum.

Material

- weiße Papiere
- unterschiedliche weiße Stoffe (Tüll, Spitzenvorhänge)
- Klebepistole für Spinnweben
- fluoreszierende Farben (wichtig: fluoreszierende Acrylfarben aus dem Künstlerbedarf – Neonfarben)
- Schwarzlichtröhre (UV-Licht)
- große Kartons (Waschmaschinenkarton o. ä.), Innenseiten schwarz gestrichen

Grusel, Graus und Gänsehaut!

Impuls und Anregung

Wenn im Herbst die Tage wieder kürzer werden oder wenn Sie Halloween feiern, eignet sich diese Einheit wunderbar, um ein grusliges Theater selbst herzustellen. Begriffe wie „Schloss", „Prinzessin", „Gespenster" oder „Zauberwald" können Anregungen für fantasievolle und ungewöhnliche Geschichten sein. Erstellen Sie dazu noch weitere Listen mit Reizwörtern.

Durchführung

Jedes Kind oder jede Gruppe bekommt eine Liste von Dingen aufgezählt, die in einer Geschichte vorkommen sollen. Eine Liste könnte so aussehen: eine Kaffeetasse, ein Roboter, ein Einhorn, eine Blume. Auf weißes Papier zeichnen die Kinder mit wasserfesten Filzstiften die Figuren und Gegenstände, die sie zum Leuchten bringen wollen. Danach kommen die fluoreszierenden Farben zum Einsatz. Da diese eine hohe Deckkraft besitzen, können Sie sie sehr sparsam einsetzen bzw. ausgeben. Ergänzend kann mit weißen Spitzen-, Gardinen- oder anderen Stoffresten experimentiert werden. Vor das Schwarzlicht gehalten, erscheinen die Stoffe sehr unterschiedlich. Kindern macht es sehr viel Spaß, herauszufinden, wie viel Leuchtkraft der Stoff für ihren Gespensterumhang oder für den Prinzessinnenschleier haben soll. Um die fertig ausgeschnittenen Werke in Szene zu setzen, braucht man einen Karton, wie man ihn als Verpackung für Waschmaschinen, Kühlschränke etc. verwendet. Streichen Sie die Kiste innen mit schwarzer Farbe vollflächig an und befestigen Sie im Inneren eine Schwarzlichtlampe. Nun können die Kinder mit ihren Figuren im Karton spielen. Mit einer Klebepistole können sie auch sehr effektvoll Spinnweben entstehen lassen; im heißen Zustand zieht die Pistole Fäden, die den Spinnweben täuschend ähnlich sind. Anschließend erzählen die Kinder ihre Geschichte und bringen ihre Figuren im Schwarzlichttheater zum Leuchten.

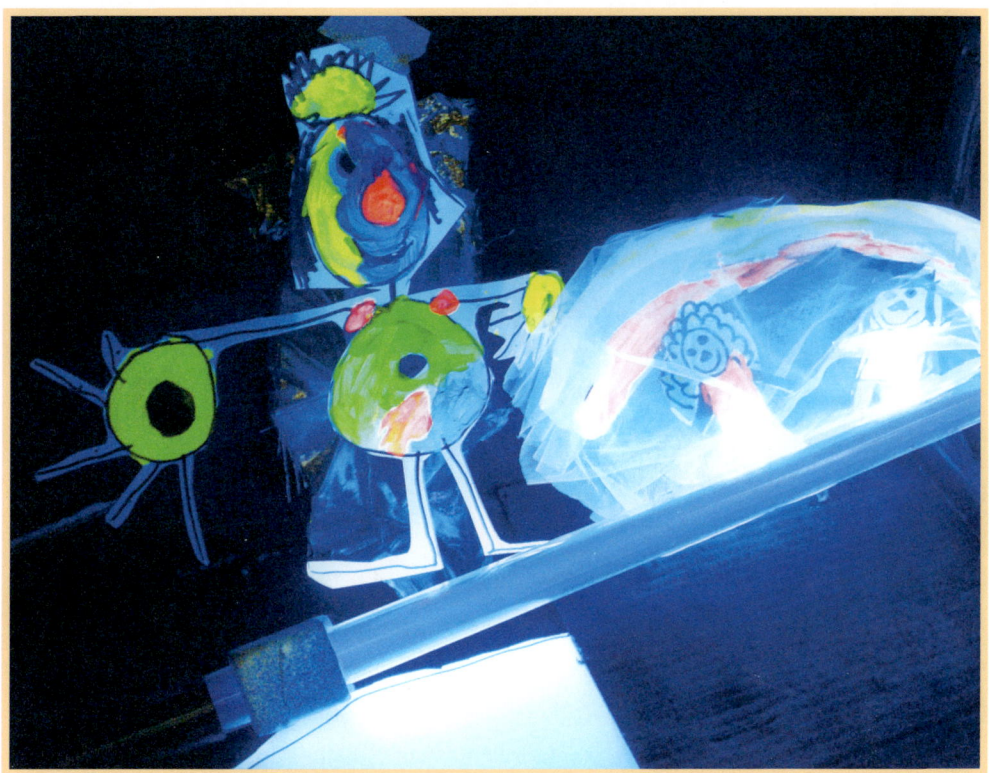

... und das haben wir daraus gemacht

Ute Schneider und Bettina Müller vom *Kindergarten Postweg*, Schmiden

Vom Schwarzlichttheater zum Höhlenbau

Die Umnutzung des „ehemaligen Schwarzlichtkartons" zu einer Höhle brachte uns auf eine ganz neue Idee. Durch den regen Gebrauch der Höhle war leider die Behausung schnell zerfetzt. Der Wunsch der Kinder nach einer neuen Höhle, die nicht so leicht kaputtgeht, ließ uns gemeinsam überlegen und planen, welche Materialien geeignet sind und welche Größe eine neue Höhle haben sollte. Aufgrund unserer kleinen Gruppenräume musste die Höhle transportabel und leicht zu bewegen sein. Wir entschieden uns für eine Holzrahmenkonstruktion, die die Kinder mit dem entsprechenden Werkzeug und ggf. mit der Hilfe eines Erwachsenen selbstständig zusammenbauen konnten. Die Längsseiten bespannten wir mit Hasendraht, an den beiden anderen Seiten wurde, ähnlich wie bei einem Webrahmen, Paketschnur befestigt. Auch der Wunsch nach einer Tür, die sich sogar verriegeln lässt, wurde berücksichtigt. Mit Stoffresten unterschiedlichster Beschaffenheit und Farbe webten die Kinder durch den Draht und die gespannten Seile. Diese Höhle ist für viele Kinder zu einem echten Lieblingsplatz und zu einem Rückzugsort geworden und wird jeden Tag genutzt.

Schattentheater

Schattentheater eignet sich sehr gut für eine Projektwoche mit speziellem Thema. Als Gemeinschaftsaktion bzw. im Team können wunderbare und fantasievolle kleine Aufführungen unter Einsatz von Geräuschen den Alltag verzaubern. Hier eine einfache Variante des Schattenspiels mit Flachfiguren. Sie eignet sich besonders gut, da die Kinder mit Schere, Papier und Kleber schnell und einfach effektvolle Figuren herstellen können. Als Bühne dient entweder ein Tisch oder Sie stellen eine Bühne aus Transparentpapier und schwarzem Tonpapier her. Eine Idee, wie das aussehen könnte, geben die Fotos.

... und das brauchen Sie dazu

Raumvorbereitung und -beschaffenheit

Sie brauchen einen Raum, den Sie abdunkeln können.

Material

Für die Figuren:

- Schaschlikstäbe
- Musterklammern
- wasserfeste Stifte
- Reste und kleine Schnipsel von farbigen PVC-Folien
- Reste von Buntpapierschnipseln
- schwarzes Tonpapier
- Alufolie und Tortenspitzenpapier
- Reste von Spitzenvorhängen
- Transparent- Drachenpapier

Zum Bau des Schattentheaters:

- schwarzes Tonpapier in Rollen, große Bögen
- Transparentpapier (ist das Sichtfenster für das Schattentheater; Größe des Sichtfensters ca. 70 × 50 cm)
- Baustellenscheinwerfer
- eine Schnur/Wäscheleine im Raum als Aufhängung spannen
- Schattentheaterbühne von der Decke hängen und dahinter eine Lampe anbringen

Im Reich des Schattenkönigs

Impuls und Anregung

Motivieren Sie die Kinder, Geschichten zu den ungewöhnlichen Papieren zu erfinden. Diese Geschichten sollen dann im folgenden Schattentheater lebendig werden. Hinter der Leinwand des Schattentheaters erfahren die Kinder, dass der schönste, leuchtend rote Tonkarton plötzlich schwarz wird. Sie entdecken, wie sich die Abwesenheit von Licht auf die Farbwirkung verhält. Bei dieser Aktion kann auch eine Kiste mit Resten von farbigen, durchsichtigen Kunststofffolien zum Einsatz kommen.

Durchführung

Bilden Sie Kleingruppen mit je zwei bis vier Kindern. Jede Gruppe bekommt einen Berg Papierschnipsel, Scheren und Klebeband (Tesafilm). Die Papierschnipsel sollen wiederum zum Fabulieren anregen. Abhängig davon, was die Kinder in den Schnipseln entdecken, entwickelt sich die Geschichte oder Szene, die die Gruppe im anschließenden Schattentheater erzählen möchte.

Die Figuren und Gegenstände, die sich bewegen sollen und mit denen die Kinder spielen wollen, werden auf Schaschlikstäbe geklebt. So kann man sie gut halten. Will man ein bewegliches Teil (z. B. Arm oder Bein) herstellen, verbindet man die zwei Teile mit Musterbeutel-Klammern.

Hintergründe wie Wiesen, Wälder, Häuser etc. können direkt auf die transparente Spielfläche geklebt werden. Da alle bunten Karton- und Papierschnipsel beim Schattentheater grau oder schwarz erscheinen, sollten Sie auch Reste von lichtdurchlässigen farbigen Folien oder Papieren zur Verfügung stellen. Die Kinder können die Folien mit wasserfesten Filzstiften noch differenzierter gestalten und auf diese Weise wunderbar leuchtende Effekte erzielen.

Praxis im Kindergartenalltag

Unser Buch wurde als Arbeitsgrundlage für den Kindergartenalltag entwickelt und ist von Anfang an in enger Zusammenarbeit mit Erzieherinnen entstanden. Im ersten Jahr fand die Umsetzung mit Kindern aus dem *Kinderhaus Pfiffikus* in den großzügigen Atelierräumen der *Jugendkunstschule Fellbach* statt. Renate Schmieder und Carry Münchberg-Barth, die zu der Zeit im *Kinderhaus Pfiffikus* für den Kreativbereich zuständig waren, standen hier bei der praktischen Umsetzung, in der Reflexionsphase und bei der endgültigen Ausgestaltung hilfreich zur Seite. Abschließend wurden die kreativen Einheiten und die dabei gemachten zahlreichen Erfahrungen in einer ersten kleinen Broschüre festgehalten und mit Fotografien illustriert.

Die erarbeiteten Handreichungen dienten im zweiten und dritten Jahr des Modellprojektes dazu, die gestalterischen Aktionen auf ihre Tauglichkeit im Kindergartenalltag zu testen. Zehn Kindergärten und Kinderhäuser unterschiedlichster Träger konnten für dieses Experiment gewonnen werden, was angesichts der allgemeinen Personalknappheit nicht immer ganz einfach war. Über zwanzig Erzieherinnen wählten nun Einheiten aus diesem Heft aus, um sie selbst mit ihren Kindergruppen in der *Jugendkunstschule Fellbach* oder in der eigenen Einrichtung durchzuführen. Die beiden Künstlerinnen Eva Paulitsch und Uta Weyrich standen in der zweiten Phase als Beraterinnen und Beobachterinnen zur Seite. Es freut uns besonders, dass die teilnehmenden Erzieherinnen ihre selbstständig weiterentwickelten Kreativeinheiten in diesem Buch präsentieren. Hier ihre Meinungen zu den ausgesuchten Einheiten:

Kinderhaus Purzelbaum, Schmiden

„Beim Umsetzen der Aktionen bekamen nicht nur die Kinder, sondern auch ich immer wieder neue Ideen. Die Vielfalt mit diesem wunderbaren wertlosen Materialien kreativ zu werden, erscheint unerschöpflich." Andrea Scherner

„Bei unseren altersgemischten Gruppen, bei denen ein großer Teil der Kinder unter drei Jahren ist, lässt sich sehr schön erkennen, dass gerade die jüngsten Kinder bei diesen fantasievollen Angeboten eine eigene Dynamik entwickeln konnten." Katharina Litzel

Kath. Kindergarten Isolde, Fellbach

„Für mich persönlich war es sehr beeindruckend, dass man Kinder auch mit so „einfachen Mitteln" begeistern kann. Ich fand es auch faszinierend, wie sich vor allem die jüngeren Kinder bei den Angeboten verwirklichten und auslebten." Veronika Jochum

„Mit so viel Spaß, leuchtenden Kinderaugen, Gekicher und Gegacker etwas gemeinsam zu tun, und das alles mit ein paar, aus Erwachsenensicht, simplen Kartons und Papierbahnen, war wirklich toll zu beobachten." Katharina Präg

C. F. Werner- Kindergarten, Fellbach

„Die Einheiten bieten vielfältige Möglichkeiten, Kinder einfach mal nur zu beobachten, wie sie sich auf neue Situationen einlassen und mit ungewöhnlichen Materialien umgehen." Verena Jichi

„Die Aktionen sind tolle Impulse, mental wieder flexibler zu sein und vermehrt Alltagsgegenstände in kreative Prozesse mit einzubeziehen. Außerdem bekamen wir dadurch auch tolle Anregungen, unseren Kreativbereich umzugestalten." Friederike Lenze

Kindergarten Postweg, Schmiden

„Toll, wie die Kinder hier ihre eigenen Ideen einbringen und von der Planung, über die Umsetzung, bis hin zur Nutzung an jedem Schritt beteiligt sind. Wirklich gute Impulse, die wir in der Praxis mit den Kindern weiterentwickeln können und werden." Bettina Müller

„Über diese einfachen Aktionen werden die Kinder optimal zu selbstständigem Denken und Handeln angeregt. Ganz ohne Schablonen und fertigen Vorlagen zu arbeiten, entspricht genau den Grundlagen unserer Arbeit. Eine tolle Erfahrung, wie große Werke nur aus „Resten und wertlosem Material" entstehen können." Ute Schneider

Kinderhaus Pfiffikus, Fellbach

„Bei den Aktionen ist es schön, die Freude der Kinder zu beobachten, wie sie etwas erschaffen. Raum und vielfältiges Material ist als Impuls wichtig." Sigrid Kruse

„Durch künstlerisches Tun können die Kinder ihre Stimmungen und Emotionen zum Ausdruck bringen und verarbeiten." Renate Schmieder

„Über die Kunst komme ich mit den Kindern ins Gespräch und ins Philosophieren. Es ist immer wieder erstaunlich, wie sie ihren Alltag in ihre Kunst mit einbeziehen." Carrie Münchberg-Barth

„Kunst ist für mich eine Art Herzensbildung. Fantasie und Kreativität finde ich sehr wichtig, da man sie in den unterschiedlichsten Lebenslagen braucht." Sonja Bieber–Degenhardt

Kath. Kindergarten St. Franziskus, Fellbach

„Die Kreativität der Kinder im Alltag wahrnehmen und mit alltäglichen Materialien erleben lassen, bestärkte mich dabei, den Einsatz von Recyclingmaterial auszuprobieren. Dabei kann bekanntes Material neu entdeckt werden und altes neu verwendet werden." Melanie Biedermann

„Mir gefällt es, ungewöhnliche und kreative Ideen einzubringen, bei denen Kinder durch das Experimentieren entdecken und staunen können." Heidi Kinne

„Die Angebote ermöglichen sowohl sinnliche Erfahrungen als auch vielfältige Sprachanreize. Die erlebte Freude und die Kommunikation während des gemeinsamen Tuns führen zu einer positiven Gruppendynamik." Ursula Steinheil

„Mir gefällt besonders an den Aktionen, dass die Kinder ganz ohne Ergebnisdruck arbeiten können und dabei die taktilen Reize besonders angesprochen werden." Claudia Deml

CVJM-Kindergarten, Evangelischer Verein Fellbach e. V., Fellbach

„Mir ist es wichtig, dass die Kinder immer wieder neue ansprechende Materialien kennenlernen. Vor allem das Reis-Projekt zeigt, wie lustbetont so eine neue Materialerfahrung sein kann." Ina Feiler

„Sich selbst von den Materialien zu begeistern und darauf einzulassen, hilft, die Kinder dahin gehend zu motivieren, alle Sinne einzusetzen und sie in ihrer Fantasie nicht einzuschränken." Judith Stucke

Johannes-Brenz-Kindergarten II, Evangelischer Verein Fellbach e. V., Fellbach

„Die Aktionen ermöglichen Gestaltungsprozesse. Da ist die ganze Person gefordert, einen Dialog einzugehen mit sich, dem Material und der Umgebung. Das bedeutet Auseinandersetzung und Risiko — und genau hier liegt das Potenzial für Entwicklung." Dorothee Beck

„In der Art und Weise kreativ zu arbeiten, bedeutet für mich, dass Kinder in ihrem künstlerischen Tun über sich hinauswachsen können." Judith Löffelhardt

Links

- www.jugendkunstschule.fellbach.de
- www.stiftung-kinderland.de
- www.iz.aesthetische.bildung.phil.uni-erlangen.de
- www.paedagogik.phil.uni-erlangen.de
- www.fellbach.de/text/395/de/kindergartenkinder.html
- www.pw-videoblog.de

Die Autorinnen

Susanne Waiss

geboren 1958 in Ulm

Studium:

- Germanistik und Geschichte an der *Universität Stuttgart*
- Schmuck- und Gerät-Design an der *Hochschule für Gestaltung Pforzheim*
- Bildhauerei an der *Staatlichen Akademie der Bildenden Künste Stuttgart*
- Aufbaustudium Kulturmanagement am Institut für Kulturmanagement der *Pädagogischen Hochschule Ludwigsburg*, Magister-Abschluss

seit 1988: als freischaffende Künstlerin im In- und Ausland sowie als Dozentin an Kunst- und Volkshochschulen tätig

von 2001 bis 2005: Kulturmanagerin am *Schmuckmuseum Pforzheim*

seit 2005: Leitung der *Jugendkunstschule Fellbach*, Entwicklung von zahlreichen Schul- und Kindergartenprojekten und der Museumspädagogik für die Galerie der Stadt Fellbach

Eva Paulitsch und Uta Weyrich

Eva Paulitsch: geboren 1973 in Klagenfurt, Österreich

1993–1999: Studium an der *Akademie der Bildenden Künste Stuttgart*

Uta Weyrich: geboren 1963 in Groß-Gerau

1982–1989: Ausbildung und Tätigkeit als Erzieherin

1995–2000: Studium an der *Akademie der Bildenden Künste Stuttgart*

Die beiden arbeiten seit 2003 als Künstlerteam zusammen.

Auszeichnungen und Stipendien

- 2010: Deutsche Börse Residency Program, Frankfurter Kunstverein
- 2007/2008: Atelierstipendium *Künstlerhaus Stuttgart*
- 2003: Stipendium in London, ABK Stuttgart
- 2000: 1. Preis Saarpfälzischer Kunstpreis
- 1999: Stipendium in Moskau, *Surikovinstitut*

Ausstellungen und Projekte (Auswahl)

- masc foundation, Wien
- UAMO Festival, München
- Museum für Kommunikation, Frankfurt
- Urban Culture, *Staatsgalerie Stuttgart*/Kunstklub
- True fiction, *Künstlerhaus Dortmund*
- YOU_ser 2.0, ZKM/*Medienmuseum Karlsruhe*
- 22. Stuttgarter Filmwinter, *Galerie Oberwelt*, Stuttgart
- zu Gemeinschaften, *Künstlerhaus Stuttgart*
- im Bild, *Kunsthalle Göppingen*
- Wellness World 1, *Forum Stadtpark* Graz, Österreich
- PolyPol, *Württembergischer Kunstverein Stuttgart*
- Filmfestival Münster
- Hot Spots, *Kunsthaus Kloster Gravenhorst*

Förderungen

- „mittendrin?!", einjähriges Projekt über jugendliche Welten, gefördert von der *Robert Bosch Stiftung* und dem *Ministerium für Kultus, Jugend und Sport* des Landes BW
- „angekommen?!", einjähriges Migrationsprojekt im Auftrag des *Kulturamts Fellbach*

Lehrtätigkeiten und -aufträge seit 2000

- Lehrauftrag an der *Hochschule Esslingen*, Fakultät Soziale Arbeit, Gesundheit und Pflege (bis jetzt)
- Lehrauftrag *Akademie der Bildenden Künste Stuttgart* (bis jetzt)
- Lehrauftrag *Fachhochschule Coburg*, Fachbereich Integriertes Produktdesign/ Innenarchitektur
- Projektarbeit an der *Downhills Primary School*, London
- Freie Mitarbeit in der Museumspädagogik, *Kunsthalle Göppingen*
- Dozentinnen *Jugendkunstschule Fellbach*